나는 비트코인으로 인생을 배웠다

나는 비트코인으로 인생을 배웠다

찾아오는 기회를 움켜쥐는 방법

팽돌이(안필호), 호필(장석호) 지음

거인의 정원

투자의 성공은 끝이 아닌
새로운 삶의 시작

이 책을 펼치는 여러분은 비트코인으로 돈을 벌어볼 목적 혹은 비트코인으로 부자가 된 경험담을 보고 싶을 것이다. 그러나 책을 펼치고 읽어 내려가는 순간, 완전히 뒤통수를 맞은 느낌을 받을 것이다.

이 책은 두 명의 저자인 팽돌이와 호필이가 산업자본주의에서 금융자본주의로 넘어가는 세상에서 살아남기 위한 좌충우돌 성장기를 그리고 있다.

두 저자의 여러 가지 에피소드를 통해 우리가 한 번쯤 경험한, 우리의 모습과 너무 닮아 있다는 점을 발견할 수 있다. 그러다 보면 어느 순간에 책에 빠져들게 되고, 한순간에 책을 다 읽어내려갈 수 있을 것이다.

이 책을 선택한 대부분의 독자는 처음에는 부자가 되면 모든 것이 변할 것이라는 생각과 함께 퇴사 이후 하고 싶은 대로 살아가는 모습을 상상하면서 책을 골랐을 것이다.

두 저자도 처음에는 그런 미래를 상상했을 것이다.

하지만 아쉽게도 두 저자는 여러분이 상상하는 스포츠카의 옆자리에 예쁜 여자를 태우고, 멋진 집을 사고, 명품으로 치장하고… 이런 드라마틱한 일들을 하지도 않았고, 할 생각도 없다.

이 책의 두 주인공은 경제적 자유를 얻었거나 얻어가고 있지만, 돈을 벌기 이전과 지금 삶의 외형적 모습은 여러분의 기대와 달리 크게 바뀌지 않았다.

그러나 많은 우여곡절의 투자 과정을 통해 얻어낸 삶의 지혜로 이전보다 훨씬 지금의 자리에서 인정받고, 이전의 능력과 몇 배의 차이를 보이면서 성장해가는 모습을 보여주고 있다.

우리는 투자가 성공에 이르면 끝이라고 생각한다.

그러하기에 상승장에 조금만 더 가자! 그리고 퇴사하고 새로운 삶을 살리라 다짐한다.

결국 '조금만 더' 욕심의 끝은 하락장을 만나게 되고, 가진 것을 다 잃는 우를 범하게 된다. 그러나 여러분의 투자가 끝이 아니라 새로운 시작이라는 것을 알게 되는 순간, 조급할 일도 아쉬울 일도 없다. 다음에는 이 경험으로 더 잘하면 되는 것이다.

이 책은 바로 끝이 아닌 시작을 이야기한다.

투자로 돈을 버는 것이 인생의 마지막 목표가 아닌 투자로 새로운 삶이 시작된다는 것을 이 책을 통해 독자 여러분이 느낄 수 있기를 바란다.

– 신의두뇌

-팽돌이(안필호)

비트코인 투자를 하면서 난 많은 것을 배웠다. 언제 사고, 언제 팔고, 어떻게 수익을 극대화하는지. 그러면서도 가슴 한편엔 항상 미안한 감정이 있었다. 내가 알고 있는 것을 조금이라도 나눌 수 있다면 좋겠다는.

세상은 태어나면서부터 불공평하다.

내가 원하지 않은 부모와 환경, 나의 외모와 능력, 내가 선택하지 못한 채 살아가는 것이 너무도 많다. 너무 불공평하다. 하지만 비트코인 투자를 하면서 하나 배운 것이 있다. 누구에게나 비트코인을 살 수 있는 기회가 공평하다는 것을.

물론 투자 금액이 차이가 있긴 하지만, 투자 방법만 제대로 배운다면 충분히 수익을 얻을 수 있는 기회가 있음을 가르쳐 주고 싶었다.

이 불공평하고 힘든 세상에서 누구나 공평하게 비트코인을 투자하고 수익을 낼 수 있다.

하지만 혹자는 비트코인으로 부자가 되고 혹자는 빈자가 된다. 난 비트코인 투자자로서 내가 수익을 낸 방법들을 조금이나 공유하고 싶다. 어렵고 불공평한 세상에서 비트코인이 나의 희망이 되어준 것처럼, 독자들에게 비트코인이라는 희망이 있다는 것을 말해주고 싶었다.

-호필(장석호)

2017년부터 암호화폐 투자를 시작했으나 2018년 하락장이 시작되면서 -95%라는 커다란 실패를 경험했다. 하지만 투자 실패에 좌절하지 않고 실패를 교훈을 바탕으로 2020~2021년 상승장에 손실을 회복하면서 진정한 투자자로 새롭게 탄생했다.

지금은 과거의 투자 실패의 교훈이 너무나 큰 자산으로 돌아왔지만 하락장을 경험했던 시기는 하루하루가 지옥 같았다. 이 책을 집필하게 된 이유는 이제 암호화폐에 관심을 가지고 투자를 시작한 분들이 같은 실수를 되풀이하지 않았으면 좋겠다는 마음과 이미 하락을 경험하고 있는 투자자들에게 지옥 같은 시간을 어떻게 극복했는지 공유하고 싶다는 마음에서였다.

또한, 비트코인으로 단순히 부자가 되겠다는 생각에서 이제는 부자를 넘어 비트코인을 통해 새로운 인생의 전환점을 맞이하게 되었던 순간들을 전달하고 싶었다. 누군가에게는 비트코인이 도박, 투기 자산으로 인식되었지만 나는 비트코인으로 인생을 배웠다.

차 례

1장   지금 당장 비트코인에 ──────── 투자해야 하는 이유

2장 비트코인 투자를 위해 필요한 조건

3장 비트코인 실전 투자 기법

4장 비트코인 도미넌스와 알트코인의 투자

5장 암호화폐의 미래

1장
지금 당장 비트코인에 투자해야 하는 이유

01

비트코인과
인생 2회차

필자가 암호화폐* 시장에 관심을 가지고 투자를 시작한 지 8년이 되었다. 8년이라는 시간이 길어 보일 수 있지만 순식간에 지나간 것 같다.

사회 초년생이었던 필자는 어떻게 하면 자산을 꾸준히 상승시킬 지 여러 재테크 관련 책을 읽었다. 하지만 당시만 해도 주식투자에 대해서는 부정적이었고, 대부분의 재테크 책은 돈을 아끼고 모아서 부동산을 사라고 조언했다.

아무리 생각해봐도 월급만 가지고 집을

• 암호화폐
블록체인을 기반으로 분산 환경에 서 암호화 기술(cryptography)을 사용하여 만든 디지털 화폐(digital currency)

사기에는 불가능했다. 그때 비트코인*을 알게 되었고, 비트코인이 부를 증식시킬 가장 좋은 방법이라는 확신이 들었다.

필자가 모은 돈을 확인해보니 대학생 때 아르바이트를 하고 받았던 알바비와 회사에 취직해서 열심히 모은 7,000만 원 정도의 돈이 있었다.

그렇게 20대부터 아끼고 열심히 모았던 돈 7,000만 원을 가지고 비트코인에 투자해보기로 결심했다.

지금 생각해보면 주식투자도 해본 적 없는 필자가 어떻게 과감하게 암호화폐에 투자했는지 이해가 되지 않는다.

이러한 무모한 투자의 결과는 2018년 하락장의 시작과 함께 투자를 시작한 지 1년 만에 지옥 속에 빠지게 되었다. 2018년 하락장이 절정에 도달했을 때 남은 돈을 확인해보니 500만 원도 되지 않았다.

하지만 포기하지 않고 월급을 아껴서 투자금을 만들어 계속 투자했다. 그 결과 2021년 상승장에 2억 원을 현금화했고, 1억 원 정도 암호화폐를 남겨두었다.

코인으로 큰돈을 번 다른 투자자들과 비교해보면 필자의 수익은 형편없어 보일 수 있다. 하지만 필자는 돈보다 더 큰 것을 얻었다.

투자 실패로 돈에 대한 태도가 달라졌고, 책 한번 읽지 않았던 필자가 필사적으로 공부해 결국 책까지 쓰게 되었다. 그밖에도 비트코인을 통해 경제 공부를 시작하면서 세상을 보는 눈이 넓어졌으며, 독서 등 자기계발 활동도 꾸준히 하고 있다.

2018년 하락장 이후 5년이 지난 2023년 연말, 과거를 돌아보니 필자는 새롭게 태어나 2회차 인생을 살고 있는 것 같다. 이렇게 빠르게 변할 수 있었던 것은 비트코인 덕분이라고 생각한다.

지금까지는 비트코인이 필자의 내적 성장을 만들어주었다면, 앞으로의 목표는 비트코인을 통해 커다란 부의 기회를 얻는 것이다.

비트코인에 처음 투자를 시작했을 때부터 지금까지 비트코인이 커다란 부의 기회를 가져다줄 것이라 확신하고 있고, 한 번도 의심해본 적이 없다.

한 가지 달라진 것은 비트코인에 처음 투자를 시작했을 때는 막연히 부의 기회를 얻을 것이라는 희망을 가지고 투자했다면 이제는 부의 기회가 너무 명확하게 보인다는 점이다.

필자의 모든 계획은 2025년에 맞춰져 있다. 2025년인 이유는 2024~2025년에 비트코인의 엄청난 상승장이 다가올 것으로 예상하고 있기 때문이다. 8년간의 비트코인 투자를 통해 얻은 내적 성장이 이제는 부로 변환되는 시기를 앞두고 있다.

이러한 거대한 부의 기회를 놓치고 싶지 않다.

02

대중에게 아직까지
낯선 비트코인

우리의 뇌는 새로운 변화를 싫어한다. 그러다 보니 갑자기 어떤 새로운 일이 발생하거나 기존에 알고 있었던 내용과 반대되는 일이 발생하면 머리가 아파지면서 모른 척 외면하려고 한다.

대중이 비트코인을 받아들이지 못하는 이유도 여기에 있다.

디지털기기 사용도 아직 익숙하지 않은데, 그 속에서 탄생하는 새로운 자산이라니….

어떻게 보면 당연한 반응일 수 있다.

이러한 반응을 보면 필자가 처음으로 터치폰과 카카오톡을 접했을 때가 생각이 난다.

폴더폰에서 스마트폰으로 넘어가기 직전에 버튼을 눌러 입력하는 핸드폰이 터치식으로 넘어가는 시기가 있었다.

필자가 처음으로 핸드폰을 터치로 사용했을 때 매우 낯설고 불편하다는 생각이 들면서 굳이 이렇게 만들 필요가 있는지 이해되지 않았다. 카카오톡이 처음 나왔을 때도 문자메시지 기능이 있는데 굳이 카카오톡을 쓸 필요가 없다는 부정적인 의견들이 많았다.

하지만 시간이 흘러 지금은 어떠한가?

부정적이었던 사람들도 이제는 핸드폰은 터치로 사용하는 것이 당연하다고 생각하고 있고, 카카오톡을 매일 사용하고 있다.

현재 금융 결제의 핵심 역할을 하는 신용카드가 처음 등장했을 때도 마찬가지였다. 소비자에게 편의성과 신속한 지불 방법을 제공했음에도 불구하고 대중들은 기존의 현금 거래에 익숙했기 때문에 전자 지불 방식에 대한 거부감을 가지고 있었다.

하지만 시간이 흐른 지금 모든 사람이 신용카드의 편리성과 실용성을 인식하고 있고, 신용카드가 없는 세상을 상상할 수도 없다.

과거에 이러한 변화 흐름을 빨리 받아들이고 애플이나 카카오 주식을 샀으면 현재 아주 큰 부를 얻었을 것이다.

비트코인도 마찬가지라고 생각한다.

비트코인을 향한 대중의 인식은 조금씩 변화하고 있지만 아직까지 비트코인에 대한 부정적인 인식은 매우 강하다. 마치 터치폰, 카카오톡, 신용카드가 처음 나왔을 때의 반응과 비슷한 것 같다.

그렇기 때문에 남들보다 한발 앞서 비트코인에 관심을 가지고 투자한다면 커다란 부의 기회를 가질 수 있는 가장 좋은 시기라고 생각한다.

모두가 인정하고 나서야 비트코인에 투자할 것인가? 그때는 이미 비트코인이 높은 가격에 있고 변동성도 크지 않을 것이다.

이번에도 이러한 커다란 부의 기회를 가만히 지켜만 보고 있을 것인가? 선택은 이 책을 읽고 있는 당신에게 달려 있다.

03

투자자산으로 인정받은
비트코인과 현물 ETF

필자가 비트코인에 처음 투자하게 된 이유는 암호화폐가 세상을 바꿀 것이라는 믿음과 함께 금방 부자를 만들어줄 것이라는 환상 때문이었다.

제4차 산업혁명*의 핵심 중 하나는 블록체인**이 될 것이고, 블록체인으로 발생한 암호화폐에 투자한다면 과거 인터넷이 시작된 초반에 성공한 투자자들처럼 될 것이라고 굳게 믿었다.

지금 생각해보면 세상 물정 모르는 사회

• 제4차 산업혁명

디지털 혁명에 기반하여 물리적 공간, 디지털적 공간 및 생물학적 공간의 경계가 희석되는 기술융합의 시대

•• 블록체인

가상화폐 거래 내역을 기록하는 장부. 신용이 필요한 온라인 거래에서 해킹을 막기 위한 기술로 사용된다. 비트코인을 포함한 여러 암호화폐의 보안기술로 사용되고 있다.

초년생의 헛된 망상에 불과했으며, 쉽게 돈을 벌고 싶다는 욕망에 사로잡혔던 철없는 행동이었다.

그러나 변하지 않는 한 가지는 암호화폐 시장이 커다란 부의 기회가 될 거라는 확신이다. 이러한 확신은 미국의 전통 금융시장에서 투자자산으로 가치를 인정받았기 때문이다.

필자가 처음 암호화폐에 투자했던 2017년도만 하더라도, 비트코인과 전혀 관련이 없다고 이야기하면서 단순한 투기 자산으로만 취급했다. 하지만 지금은 많은 투자자가 비트코인을 경제와 함께 분석함으로써 자연스럽게 인식이 변화하고 있다.

2020년 미국의 일부 기관들이 암호화폐에 대한 관심을 직접 언급하면서 비트코인에 대한 대중의 인식도 변하기 시작했다.

이후 2023년 6월 세계 1위 자산운용사인 블랙록에서 비트코인 현물 ETF*를 신청하면서 비트코인에 회의적이었던 사람들도 비트코인을 하나의 투자자산으로 인정하기 시작했다.

그렇다면 투자자들은 왜 비트코인 현물 ETF를 주목하고 있을까?

비트코인 투자자들이 비트코인 현물 ETF를 주목하는 가장 큰 이유는 기관투자자들의 자금 유입 때문이다.

지난 상승장이었던 2021년까지는 다른

• 비트코인 현물 ETF
가상화폐 시장의 혁신적인 상품으로 실제 비트코인을 보유하고 있는 ETF 발행사가 ETF를 발행하고 투자들은 거래소에서 이 ETF를 주식처럼 거래할 수 있다.

투자자산에 비해 상대적으로 낮은 시가총액을 기록했기 때문에 개인들의 자금만으로도 충분히 가격을 상승시킬 수 있었다. 그러나 2023년 12월에 비트코인의 시가총액은 1,000조 원을 돌파했고, 우리나라의 시가총액 1위인 삼성전자보다 2배 이상 높은 시가총액을 기록하면서 더 이상 개인의 자금만으로는 비트코인의 성장을 기대할 수 없게 되었다.

기관의 자금이 절대적으로 필요한 상황이지만 비트코인 현물 ETF 승인 전까지는 암호화폐에 대한 구체적인 제도가 없어 기관들이 비트코인에 투자하기는 쉽지 않은 상황이다.

우리나라의 경우는 법인 명의로 암호화폐 투자가 금지되어 있으며, 미국에서도 일부 회사들을 제외하고 대부분의 회사는 투자하고 있지 못하는 상황이다.

이러한 상황에서 비트코인 현물 ETF가 출시되어 기관들이 비트코인에 투자할 수 있게 되면, 기관들의 거대한 자금이 유입되는 통로로 사용될 것이다.

비트코인 현물 ETF를 기대하는 또 다른 이유는 미국 시장에 비트코인 현물 ETF가 최초로 상장되었기 때문이다.

비트코인의 선물거래는 이미 2021년에 승인되어 거래되고 있다. 비트코인 선물 ETF의 문제점은 비트코인을 직접 매수하지 않고도 비트코인이 상승할 것인지 하락할 것인지에 대한 예측을 통해 수익이 발생하기 때문에 직접적인 수요가 발생하지 않는다는 것이다.

반면 비트코인 현물 ETF는 매수가 발생하게 되면 비트코인을 직접 매수해서 보유하고 있어야 하기 때문에 비트코인의 수요가 발생하게 되고, 비트코인 가격 상승에 영향을 준다.

여기서 한 가지 의문은 비트코인 현물 ETF의 충분한 매수가 있는지 여부인데, 블랙록*에서는 이미 자체적인 검증을 통해 비트코인 현물 ETF의 수요가 충분히 높을 것이라 판단했기 때문에 비트코인 현물 ETF를 신청했다고 볼 수 있다.

● 블랙록
1988년에 설립된 미국에 본사를 둔 세계 최대의 자산운용 회사로 래리 핑크와 수잔 와그너가 설립하였다. 2021년 12월 기준 9조 달러 이상의 자산을 운용하고 있다.

또한 전 세계 금융을 지배하고 있는 미국에서 비트코인 현물 ETF가 나온다는 것은 비트코인에 대한 큰 수요가 발생하게 될 것이고, 비트코인의 상승으로 이어질 것을 말하고 있다.

지금까지 도박, 투기, 사기라는 오명을 받았던 비트코인이 이제는 당당하게 하나의 투자자산으로 인정받기 시작했고, 미국의 거대 금융 자본들의 유입을 앞두고 있다.

필자가 막연히 상승할 것이라는 희망을 가지고 투자했던 과거와 달리 이번에는 현실적으로 엄청난 부의 기회가 눈앞에 다가온 것이다.

04

비트코인 버블은
아직 발생하지 않았다

필자가 2017년 상승장과 2018년 하락장에 비트코인 관련해서 가장 많이 들었던 이야기는 '비트코인은 튤립 버블과 같다'라는 이야기였다. 비트코인의 변동성만 보면 버블에 가까운 움직임을 보인 것은 사실이다. 그런데 정말 비트코인에 버블은 발생했을까?

필자의 의견으로는 비트코인의 진정한 버블은 아직 발생하지 않았다는 것이다.

과거 버블의 특징을 살펴보면 개인과 기관투자자 모두에게 투기 열풍이 일어났다는 특징이 있다.

그러나 아직까지 기관들이 비트코인에 본격적으로 진입하지 않았고, 이제 막 유입이 시작되고 있다.

그렇기 때문에 과거 비트코인의 상승은 기관보다는 개인들의 참여로 인해 발생했고, 버블이라고 하기에는 다른 금융자산들과 비교했을 때 규모가 너무 작았다.

오히려 비트코인에 기관들의 유입이 늘어나고 본격적으로 참여하기 시작한 지금이나, 증권사와 은행에서 암호화폐 관련 서비스가 본격적으로 시작되고 난 이후 비트코인 버블이 발생할 가능성이 있다고 생각한다.

필자가 비트코인 버블이 발생하지 않았다고 생각하는 또 다른 이유는 비트코인의 적정한 가격을 알 수 없기 때문이다.

가격을 매길 수 없다 보니 비트코인이 높은 가격인지, 낮은 가격인지 알 수 없다. 그러다 보니 비트코인이 10억, 100억 간다는 전망과 전혀 가치가 없다는 반대 의견이 공존한다.

비트코인을 비판하는 사람들은 비트코인에 대한 가격을 매길 수 없기 때문에 가치가 없는 자산이라고 주장한다. 하지만 이러한 주장에 대한 관점을 바꿔보면 가격을 매길 수 없기 때문에 얼마까지 상승할지 모른다.

비트코인의 적정가치는 닷컴 버블과 같이 모든 기관과 개인이 참여하는 버블이 발생한 후 무너지고 나서야 알게 되거나, 전통 금융기관들이 적정가치를 부여하면서 형성될 것이다.

필자가 비트코인 버블이 아직 발생하지 않았고, 전통 금융기관들이 유입될 거라고 이야기하면 비트코인을 버블 이후나 전통 금융기관들이 본격적인 서비스를 시행할 때 안정적으로 투자하겠다고 말하는 투자자들이 있다.

일리 있는 말처럼 들리지만 생각해봐야 할 점은 비트코인의 버블이 붕괴되거나 전통 금융기관들이 들어오고 난 이후에는 변동성이 줄어들면서 그만큼 기대할 수 있는 수익률도 줄어들게 된다.

우리가 비트코인에 투자하는 이유는 적은 돈으로도 큰돈을 벌 수 있다는 희망 때문에 리스크가 크더라도 투자하는 것인데, 이러한 장점이 사라지게 되는 것이다.

비트코인을 튤립 버블에 비유한 이야기들은 2018년 하락장이 시작되면서 많이 나왔지만, 4년 뒤에 비트코인이 다시 상승하자 지금은 버블 이야기가 사라졌다.

비트코인 버블이 언제 시작될지 필자는 알지 못한다. 하지만 한 가지 분명한 사실은 지금까지 비트코인 버블은 발생하지 않았다고 자신 있게 말할 수 있다.

멘토님의 부정적인 인식을
변화시킨 한 가지
– 팽돌이

나에게는 경제 공부를 하면서 조언을 받는 멘토가 있다. 내가 답답하고 힘이 들 때 멘토의 한마디 조언은 찬스를 쓰는 기분이다.

내가 생각하지 못한 현명한 방법은 나를 한 단계 성장시킨다. 하지만 답답한 면도 있다.

멘토는 기존 금융권에서 전통 경제학을 공부한 분이기에 주식이나 부동산 같은 익숙한 자산의 조언은 가능하다. 하지만 비트코인 같은 디지털 자산은 너무 위험하게 생각한다.

멘토는 항상 나에게 이렇게 조언한다.

"안전자산과 위험자산의 배분을 항상 고려해서 나누어야 한다."

"위험자산에 현금을 모두 투입하는 것은 너무 위험하다. 그래서 투자 배분을 해야 한다."

"코인 투자는 자네 같은 사람에게는 맞지 않고, 우량주에 장기 투자하는 것을 추천한다."

"한국 주식보다는 당연히 미국 주식에 투자할 줄 알아야 한다."

"한국의 경제가 좋아지려면 시간이 필요하고, 주식이 경기에 선행하기는 하지만 현재는 미국 주식을 사야 할 시기다."

이러한 상황이다 보니 멘토에게 차마 내가 비트코인에 투자한다는 말은 하지 못했다.

다만 디지털 세상에는 디지털 화폐가 필요하다는 부분을 설명했다. 현재 송금 결제 시스템은 느리고 수수료가 많다는 단점이 있으므로, 수수료가 적은 국경을 넘는 디지털 화폐가 반드시 필요하다.

이러한 주장에 동의는 하지만, 기존 경제 권위자가 비트코인을 쉽게 받아들이지는 못했다.

그런데 놀라운 사건이 일어났다.

기존 경제에 젖어 있어 변화를 거부하는 그분도 한 번에 이해시킬 수 있는 놀라운 변화였다.

바로 블랙록의 비트코인 현물 ETF 신청이다.

블랙록을 모르는 경제학자는 없다. 금융권에서 일하는 분들에게 블랙록은 국가로 따지면 초강대국 미국이다. 블랙록이 한다고 마음먹으면 자산시장에서는 안 되는 것이 거의 없다.

코인을 그렇게 반대하던 나의 멘토도 블랙록의 비트코인 현물 ETF 신청 사건 이후로 비트코인을 공부하기 시작했다.

더 놀라운 것은 멘토께서 미국 주식 중 채굴주식을 나에게 추천했다는 것이다. 멘토께서 나에게 조언한 내용 중 하나는 "비트코인이 상승하면 반드시 나스닥에 상장되어 있는 채굴주식도 오른다"였다.

현재 나는 멘토가 추천한 매러선 디지털홀딩스는 200% 수익이고, 라이엇 플랫폼즈는 100% 수익 중에 있다. 역시 고수는 다르다.

코인을 공부하고 있을 때 그분은 관련 미국 주식으로 나보다 더 큰 수익을 올리고 있었다.

미운 오리 새끼에서
벗어나는 비트코인
- 호필

2023년 3월 10일 미국의 실리콘밸리은행(이하 SVB)에서 뱅크런 소식이 들렸다. 코인시장의 뱅크런과 파산은 이미 2022년에 시작되었고, 그 후폭풍은 지금까지 이어지고 있다.

루나 사태와 FTX거래소 파산 이후 '역시 코인은 사기다', '그럴 줄 알았다', '암호화폐를 금지시켜야 한다' 등등 기다렸다는 듯이 비난을 쏟아냈다. 물론 CEO를 비롯한 관련자들은 매우 큰 잘못을 했고, 투자하고 있는 필자 역시 이런 상황이 발생한 것에 분노하여 암호화폐에 회의감이 들기도 했다.

그런데 미국의 은행에서 문제가 발생했다. 사람들은 어떤 반응을 보였을까? SVB 쇼크로 인해 은행주들은 연일 폭락했고, 공포감을 조성하는 기사로 도배되었다. 미국 정부에서는 예금 금액을 전액 보증하겠다고 발표하면서 시장을 안정시키려고 노력했다.

그런데 비트코인의 반전이 시작된다.

SVB 이슈가 발생하고 같이 떨어졌던 비트코인이 급등하기 시작했다. 2만 달러까지 하락했던 비트코인이 1개월 만에 3만 달러까지 상승했다. 비트코인 투자자들은 은행이 파산하자 은행에 대한 불신으로 생긴 비트코인이 안전자산으로 인정받았기 때문에 상승했다고 말한다.

어제까지 가장 위험한 자산이었던 비트코인이 불과 며칠 만에 안전자산으로 변경되었다고? 항상 느끼지만 시장은 너무 극단적으로 확대 해석하는 것 같다.

개인적인 생각으로는 SVB 사건으로 비트코인을 위험한 자산이라고 생각하여 투자하지 않았던 자산가들이 이제는 자신들 자산의 극히 일부라도 비트코인에 투자해야 한다는 인식 변화가 가속화하고 있다는 생각이 든다.

이러한 현상을 보면서 〈미운 오리 새끼〉 동화가 생각난다.

아직 비트코인은 오리에서 백조가 되지는 못했지만 오리가 자라면서 서서히 백조로 변화하는 과정에 있는 것 같다.

비트코인이 언제 백조가 될지는 모르지만 한 가지 분명한 것은 우리가 오리라고 알고 있었던 비트코인은 사실 백조였다는 사실이다.

'언제쯤 대중이 비트코인을 백조로 받아들일까?' 정확한 시기는 알 수 없지만 인식의 변화가 멀지 않았다고 생각한다.

암호화폐 거래소 규제에 숨겨진 의미

- 호필

2021년 모두가 알트코인* 투자에 집중하고 있었다. 나 역시 이 투기장에 참여한 사람 중 한 명이다.

이제 슬슬 떠나야 하는데 미련이 남았다. 조금만 더 하면 목표 금액을 달성하는데….

> **● 알트코인**
> 비트코인 이외의 모든 암호화폐를 통칭하는 말. 비트코인을 대체할 수 있는 코인이라는 의미가 있다.

'목표 금액까지 얼마 남지 않아서 못 떠나는 걸까?' 진지하게 생각해봤다.

오랜 생각 끝에 돈을 많이 못 벌었다는 이유도 있지만 규모가 커진 비트코인 시장에 대한 규제가 나오면서 다음에도 상승을 이어갈 수 있을지 확신이 없기 때문이라는 사실을 알게 되었다.

하지만 아무리 생각해봐도 비트코인이 이대로 끝나기보다는 다음에도 상승할 것이고, 결국에는 미국의 제도권에 편입될 것이라는 확신이 생겼다.

그러다 문득 '그렇다면 지금의 거래소들과 공존할 수 있을까?'라는 생각으로 연결되었다.

우리나라 대형 거래소들은 안전할 것으로 보이지만 비트코인이 미국의 제도권에 편입되기 전에 국적이 애매한 바이낸스를 비롯한 많은 거래소에 대한 규제는 언젠가 발생할 것이라고 생각했다.

하지만 2022년 하락장에서 FTX거래소(전 세계 3위 거래소)가 파산하고 여러 가지 이슈가 발생하면서 오히려 바이낸스(세계 최대 규모의 암호화폐 거래소)는 더욱 단단하게 1위를 지켰고, 별다른 규제 없이 조용히 지나가고 있었다.

그러던 어느날 미국에서 본격적인 규제가 시작되었다.

2023년 1월에 미국의 증권거래위원회(이하 SEC)에서 크라켄, 제네시스, 제미니 트러스트 등 암호화폐 거래소를 미등록 증권 판매 혐의로 기소했다.

5개월이 지난 2023년 6월에는 SEC에서 바이낸스를 기소했다. 이어 다음 날 미국의 최대 거래소인 코인베이스를 기소했다.

SEC에서 고소했다는 소식이 들리자 알트코인들이 폭락했다. 비트코인이 2% 하락한 반면, 알트코인은 대부분 10% 이상 하락했고 20% 이상 하락한 코인도 많았다.

SEC에서 바이낸스와 코인베이스를 기소한 지 2주일이 다 되어갈 때쯤 블랙록에서 SEC에 비트코인 현물 ETF를 신청했다. 뒤통수를 맞은 것 같았다.

모든 것이 우연이었을까? 발생한 모든 일이 계획되어 있었는지는 확인할 방법이 없지만, 2년 전 비트코인이 미국의 제도권에 편입될 것이라고 확신을 가졌던 시기의 기억들이 떠올랐다.

'미국이 본격적으로 제도권 편입을 위해 기존 거래소들의 규제가 시작되었구나'라고 생각했다.

5개월이 지난 2023년 11월 바이낸스 CEO인 창 펑 자오가 자금세탁 등 여러 가지 혐의를 인정하고 43억 달러(원화 기준 5조 5,000억 원)라는 엄청난 금액의 벌금에 합의하고 CEO에서 물러났다. 그러는 사이 비트코인 현물 ETF 승인이 임박했다는 소식이 연일 들려왔다. 코인베이스 가격도 연일 급등했다. 결국 과거에 예상했던 미국 주도의 비트코인 시장이 본격적으로 시작되고 있음을 느끼게 되었다. 이러한 상황에서 비트코인의 가격이 상승하지 못할 것이라는 생각이 더 이상하다고 생각되었다.

우리가 원하지 않더라도 비트코인의 큰 변화는 시작되고 있다.

2장

비트코인 투자를 위해
필요한 조건

01

투자 전 자신의 상황부터
파악하자

투자자들이 필자에게 가장 많이 하는 질문은 "지금 비트코인 사도 될까요?"이다. 비트코인의 가격이 상승할 것인지 하락할 것인지 궁금한 것은 당연하다. 필자는 이러한 질문을 받았을 때 현재 상황을 종합적으로 판단하여 이야기하려고 노력한다. 하지만 항상 이러한 질문에 아쉬움이 많이 남는다. 질문한 투자자들의 현재 상황이 반영되지 않았기 때문이다.

예를 들어 전체 투자금의 90%가 투자되어 있는 상황이라고 가정해보자. 이러한 경우에 필자는 상승에 큰 확신이 없는 한 투자를 권하지 않는다. 반면에 투자금의 50% 미만이 투자되어 있다면 상황에 따라 다르겠지만 보통의 경우 일정 금액을 추가로 투자하라고 이야기할 것이다. 이처럼 상황에 따라 질문에 대한 답변은 달라진다. 그렇기 때문에 역으로 필자는 질문한 투자자에게 현재 상황을 물어본다.

"전체 투자금에서 어느 정도 투자하셨나요?"
"비트코인과 알트코인의 투자비율은 어느 정도 되나요?"
"지금 수익인가요, 손실인가요?"

이런 질문에 투자자들이 생각보다 빠르게 답변하지 못하거나, 심지어는 대답하지 못하는 경우가 많다. 즉 본인이 지금 어디에 얼마를 투자하고 있고, 앞으로 투자금이 얼마나 늘어날지 줄어들지 생각하지 않고 투자한다고 볼 수 있다.

투자를 시작하기로 결정했거나, 앞으로 투자계획을 세우기 전에 가장 먼저 해야 할 것은 필자가 한 질문처럼 현재 자신의 상황을 먼저 파악해야 한다. 하지만 생각보다 많은 투자자가 자신의 상황에 대한 정확한 파악 없이 무조건 투자부터 진행하려고 한다.

필자도 잘못된 투자로 거의 모든 투자금을 손실 보았다. 그럼에도 다시 시작해서 손실을 만회하고 지금은 편안하게 투자하고 있다.

필자가 다시 시작할 수 있었던 데는 다양한 이유들이 존재하지만, 그중 하나는 투자 전에 필자의 현재 상황에 대한 철저한 파악이 완료

된 상태에서 투자했기 때문이다.

필자의 경우 사회 초년생으로 투자금이 많지는 않았지만, 결혼하지 않았고, 매달 꾸준히 들어오는 월급이 있었다. 그렇기 때문에 빚만 없다면 투자에 실패해도 다시 시작할 수 있다는 확신이 들었다.

만약 이러한 점검 없이 투자했다면 지금까지도 힘든 상황이 계속해서 이어질 확률이 높을 것이라고 생각한다.

이처럼 투자를 시작하기 전에 본인의 현재 상황에 대한 충분한 인식이 있어야 최악의 순간에서도 다시 시작할 수 있다. 투자를 시작하기 전에 최소한 앞으로 투자금이 어떻게 변동되는지 정도는 파악하는 것이 중요하다. 이러한 파악 없이 투자하는 것은 보험에 가입하지 않은 채 자동차를 운전하는 것과 같다.

투자 전 나의 현재 상황을 점검하는 것은 최소한의 보험 역할을 해줄 것이다. 투자하기 전에 일단 나의 상황부터 점검해보자!

02

초심자의 행운을
조심하자

본인의 현재 상황 파악이 완료된 이후 투자를 시작했다면 다음으로 조심해야 할 부분은 운을 실력으로 착각해서는 안 된다는 점이다.

많은 투자자가 비트코인과 알트코인에 투자를 시작한 이유는 각종 언론과 SNS에서 비트코인과 알트코인이 급격하게 상승하고 있다는 소식을 접했거나, 주변에서 투자로 돈을 벌었다는 이야기를 들었기 때문일 가능성이 크다.

이러한 이야기를 들으면 투자를 해야겠다고 생각하지만, 투자 경험도 없고 빠른 변동성이 무서워 소액만 투자하게 된다. 그런데 놀랍게도 수익이 발생한다.

10만 원을 투자했는데 10% 상승해서 11만 원이 되었다. 10%라는 수익률의 만족보다는 100만 원을 투자했으면 10만 원을 벌었을 것이라는 생각이 앞선다. 하지만 여전히 무섭기 때문에 100만 원만 투자한다. 이번에는 전보다 높은 15% 수익률이 발생한다. 이번에도 15만 원의 수익보다는 더 큰돈을 투자했으면 돈을 더 많이 벌었을 것이라는 생각이 먼저 든다.

코인 투자 경험도 했고, 큰 욕심만 내지 않는다면 손실 볼 가능성이 작을 것이라는 생각과 함께 자신감이 생긴다. 결국 예금과 적금을 해지하고, 대출까지 받아서 모을 수 있는 모든 자금을 모은다.

그렇게 본격적으로 투자를 시작했는데 이번에는 반대로 하락이 시작된다.

투자를 처음 시작하면 많은 경우 수익이 발생한다. 심지어 초보 투자자들의 수익률이 오랫동안 투자해왔던 투자자들의 수익률보다 높은 경우를 심심치 않게 목격한다.

이러한 경우를 '초심자의 행운'이라고 부른다. 초심자의 행운이 발생하는 이유는 한창 비트코인과 알트코인의 상승이 진행되고 있을 때 투자를 시작하기 때문에 높은 확률로 수익이 발생하는 것이다.

문제는 운으로 벌었던 수익이 자신의 실력이라는 착각하면서 발생한다. 필자의 경우 본격적으로 비트코인에 투자한 2017년 11월에 몇 개의 알트코인에 투자했는데, 꽤 괜찮은 수익을 거두면서 투자에 대한 자신감으로 가득 차 있었다. 자신감이 높아지면서 더 많은 돈을 투자했다면 더 많이 벌 수 있었을 것이라는 생각이 들기 시작했다. 그래서 그동안 모았던 돈을 모두 투자했다.

며칠 동안은 늘어나는 계좌를 보면서 금방이라도 부자가 될 것 같은 기분과 함께 행복한 미래를 꿈꾸었다. 하지만 얼마 뒤 늘어나던 계좌가 점점 줄어들기 시작하면서, 투자 원금까지 줄어들었다가 결국에는 손실을 보았던 기억이 있다.

이 이야기를 다시 한번 정리해보면, 주식과 코인 등 자산 투자를 처음 시작했을 때 우연한 기회로 수익이 발생한 것이 본인의 실력이라고 착각하게 된다. 그리고 하락장이 시작되면 자신이 얼마나 실력이 없고, 무모했었는지 깨닫게 된다.

이렇게 자신의 무지를 깨닫는 순간, 두 번 다시 투자하지 않겠다고 생각하며 많은 투자자가 투자를 포기하게 된다. 설령 포기하지 않더라도 한번 떨어진 자신감을 회복하는 데 오랜 시간이 걸리는 부작용이 발생하게 된다.

다시 한번 강조하지만, 이제 막 투자를 시작한 투자자들이라면 필자와 같은 실수를 하지 않기 위해서는 운을 실력으로 착각하지 말아야 한다.

03

빚투 끝은
청산이다

2020년 코로나 이후 저금리가 지속하면서 빚투가 유행했다. 물론 그전에도 빚투는 존재했지만 코로나 이후 자산시장이 급등하면서 '영끌'이라는 단어가 유행하며 '빚도 능력이다', '부채도 자산이다'라는 말로 투자자들을 현혹했다. 그러다 보니 많은 투자자들이 빚에 대한 위험성을 인지하지 못하고 지금 당장이라도 빚내서 투자해야 한다고 생각한다.

저금리 유동성 파티가 끝나고 금리가 급격하게 인상되면서부터 빚투에 대한 위험성이 다시 부각되었지만, 다시 한번 빚투의 위험성을 강조하고 싶다.

필자의 경우 암호화폐 투자에 있어서 가장 중요하게 생각하는 원칙이자 신념은 '빚내서 투자하지 않는다'이다.

빚투를 하지 않는 이유는 심리적으로 쫓기기 때문에 단기적으로 투자할 수밖에 없다는 점도 있다. 하지만 가장 큰 이유는 투자에 실패할 경우 빚까지 손실이 되면 그 손실을 회복하기 힘들 뿐만 아니라, 회복하기까지 매우 오랜 시간이 걸리기 때문이다.

필자가 -95%에서 다시 시작할 수 있었던 가장 큰 이유는 빚을 내서 투자하지 않았기 때문이다. 하지만 안타깝게도 암호화폐의 경우 빚을 내서 투자하는 경우가 많고, 당연하다고 생각하는 경향이 강하다. 특히 소액 대출로 투자하는 경우가 많은데, 소액 대출이 쉬워지고 소액의 빚은 잃더라도 갚을 수 있다고 생각하기 때문이다.

대출을 받아 투자해서 수익이 발생하면 다행이지만, 한번 손실이 발생하게 되면 복구하기 위해 암호화폐에 몰입하게 된다. 그리고 하루 종일 차트만 보면서 단타를 하다가 결국 회사 업무와 일상생활까지 지장을 주게 된다.

상황이 더 심각해지면 암호화폐를 담보로 대출받아 투자하는 경우로까지 이어지게 된다. 담보 대출의 경우 이자가 매우 비싸고, 급격한 하락이 발생했을 때 담보로 잡힌 코인들이 청산되어 한순간에 사라지게 된다. 결국 모든 투자금을 잃고 빚만 남게 되는 최악의 순간이 찾아오게 된다.

이러한 내용들은 지나치게 과장되었다고 생각할 수 있을 것이다.

하지만 필자 주변의 투자자들 중에서도 빚투로 시작했다가 손실 본 것을 만회하기 위해 무리한 투자를 반복하면서 결국 모든 투자금을 날리고 빚만 남게 된 경우를 자주 목격한다.

빚투의 끝은 청산이라는 사실을 기억했으면 좋겠다.
투자에 실패해도 다시 시작할 수 있는 기회를 잡기 위해서는 무엇보다도 빚이 없어야 한다.

04

장기 투자와 존버는
다른 개념이다

매매 방법에는 여러 가지가 있다.

단타라 부르는 매우 짧은 시간 매매하는 단기 투자, 1~3개월 정도의 중기적으로 보는 스윙 매매, 1년 이상 길게 투자하는 장기 매매 등수많은 매매 방법이 있다.

개인의 성향에 따라 자신에게 맞는 매매 방법을 찾는 것은 투자에 있어 매우 중요한 부분이다.

필자의 경우 장기적인 관점에서 투자하고 있고, 책의 내용 대부분도 4년 주기 사이클로 장기적인 투자 방법으로 접근한다. 장기적으로 매매하는 이유는 필자의 경험상 안정적으로 투자할 수 있고, 단기적인 투자보다 더 높은 수익률을 달성하는 경우가 많기 때문이다.

게다가 장기적인 매매의 경우 매매 횟수가 몇 번 발생하지 않기 때문에 매매에 투자하는 시간이 적고, 남는 시간에 본업에 집중하거나 취미활동, 자신에게 필요한 공부에 집중하는 등 여러 가지 장점이 있다.

하지만 필요에 따라 단기적인 매매에 집중하는 시기가 있다. 필자의 경우 본격적인 상승장에서 비트코인이 최고점을 찍고 알트코인이 순환하면서 상승이 시작될 때 단기적인 매매에 집중한다.

상승장에서는 하루에도 2배 이상 상승하는 코인들이 많기 때문에 상황에 따라 종목을 선정하여 단기적인 매매에 집중하는 것이 수익률이 더 높다.

필자가 강조하고 싶은 것은 장기적인 투자가 좋고, 단기적인 투자는 나쁘다는 이분법적인 사고보다는 시기에 따라 유리한 매매 방법이 있다는 것이다.

그러나 많은 투자자가 처음에는 단기적인 매매로 투자를 시작하지만, 하락이 시작되고 대응하지 못한 상태에서 손실을 보게 되면서 장기 투자자로 변신한다.

코인에서는 이러한 용어를 '존버한다'라고 말한다.

존버란 비속어와 '버티다'라는 합성어로 사전적으로 풀이해보면 '엄청나게 버티다'라는 뜻이 된다.

상승장에서 '존버는 승리한다'라는 이야기는 한 번쯤 들어봤을 것이다. 쉽게 이야기하면 잘못된 투자로 손실을 보고 있었는데 다시 상승해서 수익이 발생했다는 말이다. 그 이유는 알트코인이 급등한 뒤 급락했다가도 몇 주, 몇 달 뒤에 다시 한번 상승하는 경우가 종종 있기 때문이다.

이러한 내용의 글들을 보면 손실이 발생한 투자자들이 언젠가는 오른다는 생각으로 존버하기 시작하면서 장기 투자자로 변신한다.

하지만 하락장이 시작될 시기에 존버할 경우 매우 긴 시간 동안 심리적인 고통에 빠지게 되고, 대부분의 경우 버티지 못하고 매도하는 경우가 많다.

여기서 한 가지 짚고 넘어갈 부분은 장기 투자와 존버는 전혀 다른 개념이라는 점이다. 장기 투자는 특정 종목이나 코인에 대한 가치를 믿고 길게 투자하는 반면, 존버는 손실을 보고 있는 상황에서 어쩔 수 없이 장기적으로 투자하는 것이다.

투자에 대한 주도권이 나에게 있고 없고의 차이는 심리적으로 매우 큰 차이를 보이며, 앞으로의 투자에 엄청난 영향을 준다. 그렇기 때문에 단기적인 매매로 접근했으면 손실을 보더라도 반드시 단기적인 매매로 끝내야 한다.

05

하락장의 물타기는
비트코인에 집중하자

투자에서 손실을 보지 않고 항상 수익을 내면 다행이지만 항상 수익만 발생할 수는 없다. 손실이 발생하게 되면 때로는 과감하게 매도하는 결단도 필요하다. 하지만 처음 투자를 시작한 경우 손실을 보고 있는 상황에서 코인을 과감하게 매도하기란 쉽지 않다.

물론 기존 투자자들도 마찬가지일 것이다.

그러다 보면 의도하지 않았지만 어느 순간 존버하고 있는 자신의 모습을 발견하게 된다. 존버가 시작되면 먼저 확인해야 할 것은 지금이 상승장의 어느 정도 위치에 있는지 파악하는 것이다.

지금이 어느 시기인지에 대한 파악이 완료되었다면 다음으로 확인해야 할 것은 투자하고 있는 코인이 투자자들에게 관심을 많이 받고 거래량이 많은지 확인해야 한다.

투자하고 있는 현재의 시기가 상승장 초반이나 중간 정도이고, 투자자들에게 관심도 높아 거래량이 많다면 존버해서 탈출할 가능성도 있다. 그러나 반대로 상승장 끝에 있거나 투자자들에게 관심을 받지 못하는 코인이라면 존버로 탈출하기는 거의 불가능하고, 본격적인 하락장이 시작되면서 힘든 순간들이 찾아올 가능성이 크다.

그렇기 때문에 20~30%의 손실일 경우 과감하게 매도하는 것이 단기적으로는 매우 슬픈 일이지만 장기적으로는 좋은 방법이 될 수 있다.

하지만 20~30% 손해를 보고 매도하기란 쉽지 않다.

매도하지 못했을 경우 앞으로의 대응책을 생각해보아야 한다. 상승장에서 하락장으로 넘어가는 경우에 존버가 시작되었다면 최소 6개월에서 1년 정도는 매수하지 않는 것을 추천한다.

이러한 이유는 하락장이 시작이 되면 비트코인의 경우 1년 정도 하락하고, 알트코인의 경우 비트코인보다 최고점 대비 90% 이상 하락이 발생하기 때문이다.

우리가 생각하는 것보다 하락이 깊고 오랜 기간 발생하므로 너무 빨리 매수하는 경우 오히려 손실이 더 확대된다. 그렇기 때문에 섣부른 매수 대신 충분히 하락할 때까지 인내의 시간이 필요하다.

충분한 하락이 진행되고 난 이후 매수할 때에는 손실을 보고 있는 알트코인보다 비트코인만 매수해야 한다. 그 이유는 알트코인의 경우 언제 상장폐지가 될지 모르고, 기존의 최고점 가격을 회복할 가능성이 크지 않기 때문이다.

그럼에도 불구하고 투자할 여유가 있고, 알트코인에 물타기 하고 싶다면 처음 투자한 금액 정도만 매수하거나 자신이 보유한 수량만큼만 매수하는 것을 추천한다.

예를 들어 A라는 코인이 5,000원이고 200개를 100만 원에 매수했는데 95% 하락해서 250원이 되었다고 가정해보자.

알트코인에 투자할 여유가 있어 처음 매수한 금액인 100만 원만큼 추가로 매수했을 경우 95%였던 하락률이 약 50%까지 내려간다. 이 정도면 상장폐지가 되지 않는다면 가격 회복을 기대해볼 만하다.

만약 알트코인에 투자할 여유가 없다면 비트코인에만 집중해야 한다. 많은 투자자가 비트코인으로 손실이 복구될지 의심하지만, 생각보다 많은 경우 예상보다 빠르게 비트코인으로 알트코인에서 발생한 손실을 복구하는 경우가 많다.

하지만 손실을 빠르게 회복하려는 욕심에 비트코인 대신 다른 알트코인에 투자할 경우 오히려 더 큰 손실을 보게 되면서 그나마 손실을 만회할 수 있는 마지막 기회조차 놓치게 된다.

06

1~2개의 알트코인으로
집중해보자

알트코인에서 크게 손실을 보고 있지만 더 이상 추가로 매수할 자금이 없는 경우도 발생한다. 이럴 경우 가만히 앉아서 지켜보고 있을 수만은 없다.

필자가 과거에 사용했던 방법 중 하나를 소개하려고 한다. 하지만 필자가 소개할 전략은 리스크가 너무 크기 때문에 유의해서 사용해야 한다.

앞서 이야기했듯이 하락장이 시작되면 대부분의 알트코인은 최고점 대비 90~95% 정도 하락한다. 최고점에서 매수하는 경우는 드물기 때문에 보통의 경우 70~80%의 하락률을 기록한다.

알트코인에서 70~80% 정도 손실을 보고 있는 투자자들의 경우 보통 알트코인을 한 개만 투자하는 경우는 거의 없다. 3개 이상의 알트코인을 보유하고 있거나, 많은 경우 10개 이상의 알트코인을 보유하고 있을 것이라고 생각된다.

필자도 과거에 여러 종류의 알트코인이 동시에 70~80% 정도 하락한 적이 있다. 이럴 때 필자가 사용했던 방법은 보유하고 있는 알트코인 중에서 정말 좋다고 생각하거나, 끝까지 보유하고 싶은 2~3개의 코인으로 교환하는 방법이다.

예를 들어 10개의 코인이 80~85%의 하락을 기록하고 있다고 가정해보자. 10개 중에서 본인이 정말로 좋다고 믿고 있는 코인이나 좋다고 평가받는 코인들이 최소한 1~2개는 있을 것이다. 그러면 8~9개의 코인을 매도하고 1~2개 코인을 매수해서 소수의 코인에 집중하는 방법이다.

물론 이러한 방법에는 매우 큰 리스크가 존재한다. 본인이 좋게 생각했던 코인이 상장폐지가 될 수 있고, 매도했던 8~9개의 코인에서 집중한 1~2개의 코인보다 높은 수익률이 나오는 경우도 발생하기 때문이다. 그렇기 때문에 1~2개의 코인에 집중하는 방법은 자신이 정말 믿고 있는 코인이 있거나, 앞서 설명한 리스크가 발생하더라도 후회하지 않을 자신이 있는 경우에만 사용하는 것을 추천한다.

또 다른 방법으로는 상장폐지 가능성이 큰 경우 때로는 과감하게 매도하는 방법도 있다. 필자의 경우 상승장에서 투자한 알트코인의 매도 타이밍을 놓쳐 손실을 보았던 경험이 있다. 큰돈이 아니었기 때문에 반성의 의미로 계속해서 남겨두었고, 결국 85%의 하락률을 기록했다.

하지만 여러 가지로 살펴보니 상장폐지의 가능성이 크고 계속해서 신경 쓰여 과감하게 85% 손실을 보고 매도했다. 몇 주 뒤, 85% 하락했던 코인이 상장폐지 되어 더 이상 거래할 수 없게 되었다. 필자가 85% 하락에도 매도할 수 있었던 이유는 상승장에서 수익을 보았던 돈으로 투자했고, 큰 금액이 아니어서 다시 상승해도 후회하지 않을 자신이 있었기 때문이었다. 운이 좋아 결과적으로 좋은 선택이 되었지만, 투자 금액이 컸다면 이러한 선택은 불가능했을 것이다.

하락장에서 알트코인에 큰 손실을 보고 있을 때, 여러 개의 알트코인을 1~2개로 집중하는 전략과 상장폐지의 가능성이 큰 경우 때로는 과감한 매도가 좋은 방법일 수 있다. 하지만 이런 방법을 선택할 경우 반대로 최악의 선택이 될 수 있기 때문에 신중하게 결정해야 한다.

07

비트코인 투자법: 분할 매수와 분할 매도의 미묘한 차이

주식과 암호화폐를 투자해본 경험이 있으면 분할 매수와 분할 매도에 대해 대해 한 번쯤은 듣게 될 것이고, 분할 매수와 분할 매도의 중요성에 대해 알게 될 것이다. 하지만 막상 분할 매수나 분할 매도는 생각보다 쉽지 않다. 가장 큰 이유는 지나친 욕심 때문이다.

분할 매수를 시작할 때에는 더 하락한 가격에서 사고 싶고, 분할 매도를 해야 할 때면 더 높은 가격에서 한 번에 팔고 싶은 욕심이 생기는 것은 당연하다. 그렇기 때문에 필자가 추천하는 방법은 첫 시작은 소액으로 출발하는 것이다.

항상 첫 시작이 어렵다. 그러나 만 원이라도 매수하거나 매도해보면 그다음부터는 생각보다 수월해진다. 첫 매수나 매도가 시작되고 비중을 조금씩 늘려나가다 보면 어느 순간에 충분히 매수와 매도가 되어 있을 것이다.

지금까지의 설명을 들어보면 분할 매수와 분할 매도는 떨어질 때 나누어 사고, 상승할 때 나누어 파는 것이기 때문에 똑같은 방법이라고 생각할 수 있다. 하지만 분할 매수와 분할 매도에는 미묘한 차이가 있다. 분할 매수의 경우 암호화폐가 크게 상승하기까지는 긴 시간이 필요하기 때문에 분할 매수의 타이밍이 생각보다 길고 지루하다. 그러다 보니 조금만 상승하거나 하락할 경우 조급함이 들면서 매수하고 싶은 생각이 든다.

그렇기 때문에 필자의 경우 분할 매수를 할 때 너무 조금 매수해서 조급하거나 너무 많이 사서 불안한 감정이 들지 않는 현금 비중을 찾으려고 노력한다. 이러한 현금 비중은 비트코인의 사이클에 따라 변화하고 개인의 성향에 따라 다르다.

필자의 경우는 하락이 어느 정도 끝났다고 생각되는 무렵에는 현금과 투자 비중을 50:50으로 맞추다가 시간이 지날수록 현금의 비중을 줄이고 투자 비중을 늘려가는 방법을 사용한다.

급격한 상승 시기까지 긴 시간이 필요한 반면, 상승은 순식간에 지나간다. 또 분할 매도의 타이밍을 고민하는 사이에 순식간에 상승이 끝나는 경우가 자주 발생한다. 그렇기 때문에 분할 매도에서는 빠른 판단력과 순발력이 필요하다.

특히 알트코인의 경우 매우 빠르게 상승했다가 하락하는 경우가 많기 때문에 최고가에 팔 수 있을 것이라는 생각을 버리고 미리 매도를 걸어 놓는 것을 추천한다.

이처럼 분할 매수와 분할 매도는 같은 것 같으면서도 미묘한 차이가 있다.

'매수는 기술이고 매도는 예술이다'라는 말이 있는데, 매수와 매도의 특징을 함축적으로 잘 표현했다고 생각한다.

기술과 예술에 필요한 것이 다른 것처럼 분할 매수와 분할 매도에도 다른 전략을 가져야 한다.

08

평단에 집착하면
매수하지 못한다

앞서 분할 매수가 어려운 이유 중 하나는 큰 상승장까지는 긴 시간이 걸리기 때문이라고 이야기했다.

분할 매수가 어려운 또 다른 이유는 기존에 매수했던 가격과 현재의 가격이 자연스럽게 비교되기 때문이다. 다른 말로 이야기하면 평단(평균매수)이 신경 쓰이기 때문이다.

비트코인이 8,200만 원에서 2,400만 원까지 하락해서 매수를 진행했다고 가정해보자. 이후 반등이 시작되어 4,000만 원까지 상승했다가 3,300만 원까지 하락해서 분할 매수 타이밍이라고 생각하고 있지만 매수하기는 쉽지 않다. 최저점 대비 높은 이유도 있지만 매수할 경우 2,400만 원이었던 평단이 높아지기 때문이다. 높아지는 평단이 신경 쓰이는 이유는 수익률도 함께 낮아지기 때문이다.

필자도 코린이 시절 평단에 집착했던 때가 있었다. 평단에 집착하다 보니 매수 타이밍에 매수하지 못하다가 결국 상승하고 난 뒤에 후회하면서 오히려 더 높은 가격에 매수한 기억이 있다. 결국 평단에 집착했다가 오히려 평단이 더 높아지는 결과만 가져왔다.

필자가 평단에 집착한 이유에 대해 고민해보았는데, 이유는 남들과 비교하기 때문이라는 사실을 알게 되었다. 특히 손실을 보고 있는 상황에서는 남들보다 더 수익률이 높아야 한다는 생각 때문에 평단에 더욱 집착하는 것 같았다.

다른 이유로는 낮은 평단으로 높은 수익률을 기록했을 때 남들에게 자랑하기 좋기 때문이라는 점을 깨달았다. 이러한 점들을 종합해보면 남들과 비교하고 자랑하기 위해서 평단에 집착했다는 결론을 내릴 수 있었다.

하지만 우리가 투자하는 목적은 낮은 평단을 자랑하기 위해서가 아니라 최대한 많은 돈을 버는 것이라는 사실을 기억해야 한다.

평단이 높아도 상관없다. 최대한 많은 수익을 내는 것을 목표로 정해야 한다. 수익률이 아무리 높아도 절대적인 투자 금액이 높은 투자자가 돈을 많이 벌 수밖에 없다. 그렇기 때문에 평단에 집착하지 말고 꾸준히 매수하는 습관을 가져야 한다.

그럼에도 불구하고 평단에 너무 신경 쓰는 투자자라면 여러 코인 거래소를 이용하는 것이 하나의 방법이 될 수 있다.

예를 들어 25%씩 4번의 분할 매수를 계획하고 있다면 분할 매수를 할 때마다 다른 거래소로 이용해보자. 그렇게 되면 낮은 평단에 매수했던 비트코인과 최근 매수한 평단까지 다양하게 존재하게 된다. 그러다 평단에 더 이상 신경 쓰지 않게 되면 다시 하나로 합치는 것도 방법이 될 수 있다.

평단에 신경 쓰여 분할 매수를 하지 못하고 있는 투자자라면 한번 외쳐보자.

"나는 돈을 벌려고 투자하는 것이지, 평단을 자랑하려고 투자하는 게 아니다!"

09

최고점 돌파하기
전까지 모으자

비트코인이 탄생한 이후 2023년까지의 비트코인의 가격을 살펴보면 비트코인의 급등과 급락이 발생하지만 항상 기존 고점을 경신하면서 지속적인 상승을 보여왔음을 알 수 있다.

이러한 사실에도 불구하고 큰 하락의 기간이 시작되면 비트코인이 이번에는 기존 고점을 넘지 못할 것이라는 부정적인 의견들이 시장을 지배한다. 그러나 결국 비트코인은 다시 최고점을 갱신하면서 또다시 상승한다.

지난 상승장이었던 2021년이 지나가고 2022년에 큰 하락이 발생하면서 유동성이 없는 상황이 다시 찾아오자, 비트코인이 다시 상승

| 비트코인 사계절 차트 |

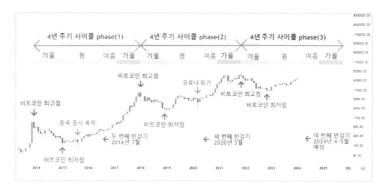

하면서 기존 최고점을 돌파할 수 있을지에 대한 의문들이 또다시 들기 시작했다. 하지만 비트코인은 2023년에 보기 좋게 저점에서 상승하기 시작했고, 전통 금융기관들의 비트코인 현물 ETF 신청이라는 호재가 발생했다.

모든 사실을 종합해보았을 때 비트코인에 일시적인 하락이 있더라도, 결국에는 지난 최고점이었던 6만 9,000달러를 다시 돌파할 가능성이 기존 고점을 갱신하지 못할 확률보다 높다는 것이 합리적인 생각이라는 것을 알 수 있다.

특히 2024년에는 비트코인이 본격적으로 최고점을 향해 달려가는 시기가 될 것이다. 필자는 2024년에 높은 확률로 기존 고점인 6만 9,000달러를 돌파할 것이라고 생각하고 있다.

그렇기 때문에 기존에 꾸준히 투자해왔던 투자자들과 이제 막 비트코인에 투자하는 투자자 모두에게 꾸준한 비트코인의 매수는 중요한 전략이 될 것이다.

각 상황별로 투자 전략을 세부적으로 이야기해보면, 이미 지난 하락장에서 충분히 매수한 투자자들의 경우에는 큰 폭의 하락이 발생했을 때 남은 투자금으로 비트코인의 추가 매수를 진행하거나, 비트코인이 최고점을 갱신할 때까지 기다리면 된다.

반면 이제 막 시작했거나 뒤늦게 투자금이 생겨 충분히 매수하지 못한 투자자들은 비트코인이 최고점에 도달하기 전까지 매일, 매주, 자신이 정해놓은 기간 동안 꾸준히 매수하는 적립식 투자 방법을 추천한다.

비트코인의 최고점이 갱신되기 전까지 지속적으로 투자하는 이유는 갱신 전까지 꾸준히 매수를 진행할 경우 2배 정도의 수익이 기대되기 때문이다.

| 비트코인 최고점 차트 |

과거 비트코인의 직전 고점부터 새로운 고점까지의 상승률을 살펴보면 2017년에는 약 1,500%, 2021년에는 약 250%의 상승률을 기록했다.

비트코인이 과거에 비해 시가총액이 커진 부분을 고려하여 보수적으로 다음 비트코인의 최고점 가격을 예상해보면, 2021년 최고점인 6만 9,000달러에서 50~200% 정도 상승한 10만~20만 달러 정도까지 상승이 예상된다. 원화의 경우 1억~3억 원 정도 예상하고 있다.

2024년 1월 초 기준 비트코인이 4만 4,000달러 정도의 가격을 형성했는데, 1월부터 매수를 시작하고 있다고 가정할 경우 기존 고점인 6만 9,000달러까지 꾸준히 분할 매수를 진행한다면 5만~6만 달러 정도의 평균적인 매수단가가 예상된다. 그렇기 때문에 2배 정도의 수익이 기대되고, 조금 늦게 매수를 시작하더라도 최소 50% 정도의 수익이 기대된다.

50~100% 수익률이 다소 낮아 보일 수 있다. 하지만 비트코인이 최고점을 갱신하면 본격적으로 알트코인들의 상승이 발생하게 된다. 때문에 비트코인에서 발생한 이익금으로 알트코인에 투자하게 된다면 부족한 수익률을 보완할 수 있다.

2024년 비트코인 반감기, 비트코인 현물 ETF 등 여러 가지를 고려해보았을 때 비트코인은 또다시 기존 고점을 돌파해 새로운 고점을 만들 가능성은 매우 크다.

그렇기 때문에 비트코인이 기존 고점을 돌파하기 전까지는 우리에게 매수 기회는 계속해서 남아 있다. 이러한 기회 속에서 우리가 해야 할 일은 비트코인이 기존 고점을 돌파하기 전까지 비트코인을 꾸준히 모아가는 것뿐이다.

공포탐욕지수의 활용
- 팽돌이

투자에서 가장 중요한 요소를 찾으라고 하면 나는 당연히 1등으로 판단력을 선택할 것이다. 현재를 살면서 가장 필요한 덕목도 지식이 아니라 판단력이라고 생각한다. 사람을 선택하고 직업을 선택하고 투자 종목을 선택하여 매수, 매도를 하는 데 가장 중요한 덕목은 판단력이다. 같은 상황에서 어떠한 판단을 하느냐가 인생을 가른다.

나에게도 매도와 매수 원칙이 있다. 상황에 따라 다르긴 하지만 원칙을 지키려고 노력한다. 횡보장이나 하락장이라면 상승에는 매도하고 하락에는 매수한다. 쉽게 설명하면 빨간불에는 매도하고 파란불에는 매수한다. 이 원칙을 지키는 데 3년이 넘는 시간이 걸렸다.

오르는 종목은 더 오를 것 같아 매수하고 떨어지는 종목은 더 떨어질 것 같아 매도하는, 코린이가 하는 행동을 고치는 데 3년이 넘는 시간이 걸렸다. 나는 장기 투자를 원칙으로 하기에 불타기나 물타기는 하는데 손절매는 잘 하지 않는다. 처음부터 손절매를 생각하고 종목을 선정하지 않는다. 하락하면 물을 탈 종목을 장기 투자하는 방식으로 투자한다.

내가 하는 투자 방식은 거의 파란불이다가 상승장 몇 달만 빨간불이다. 하지만 수익은 단타보다 높다.

또 한 가지 원칙은 공포탐욕지수를 활용하는 방법이다. 사람들이 투자에 임하는 심리 상태를 지수화한 것인데, 당연히 시장이 좋지 못하면 공포이고, 장이 좋으면 탐욕이다. 아직까지는 투자하면서 극단적 공포에 매수했을 때 한 번도 손해를 본 적이 없다. 다들 힘들어 장을 떠날 때 매수하면 시간이 지나면 반드시 반등했다.

극단적 탐욕이 제일 무섭다. 상승장에서 극단적 탐욕 구간이 오면 하락이 가깝다는 신호이다. 때문에 이 시기에는 매수는 자제하고 매도 타이밍만 생각한다. 신규 투자자들이 들어오면 경험 많은 투자자는 떠날 준비를 한다. 투자자들이 공포에 떠난다면 이제는 매수 타이밍이다.

나는 다른 투자자들과 반대의 입장에서 매수, 매도하려고 한다. 기회는 그곳에 있다.

전 재산을 잃어도 다시 시작할 수 있었던 이유

- 호필

언제부터인지는 모르겠지만 학창 시절부터 중요한 일을 결정하거나 중요한 일을 앞둔 상황에서, 발생할 수 있는 최악의 경우를 생각하는 습관이 생겼다.

비트코인에 처음 투자하기 전에도 최악의 경우에 대해서 2주 정도 고민했다. 당연해 보일 수 있지만 최악의 경우는 투자금을 전부 날리는 것이다. 2017년도 당시, 20대였던 나는 투자금을 전부 날리는 최악의 상황이 발생하더라도 다시 시작할 수 있다는 생각이 들면서 한 가지 투자 원칙을 정했다.

'빚을 내서 투자하지 않기'

투자를 시작하고 1년이 지난 2018년 연말, 투자금을 전부 날리는 최악의 상황이 현실이 되었다.

'무엇을 해야 할까? 희망이 있을까?'

눈앞이 캄캄했다. 이러한 지옥 같은 상황에서 어떻게든 벗어날 방법을 찾아보았다. 그러던 어느 날 '지금 이 상황이 정말 최악일까?'라는 생각이 머릿속을 스쳤다.

'빚도 없고, 회사에서 매달 꾸준히 월급이 들어오고 있으니 월급 모아서 다시 시작하면 된다'라는 생각으로 처음부터 다시 투자를 시작했다.

시간이 흘러 2020년 어느 날, 코로나 이후 자산시장이 급등하면서 MZ세대들이 대출받아 부동산, 주식, 코인을 사고 있다는 뉴스가 보도되었다.

'영끌'이라는 단어도 빠르게 유행하고 있었다.

대출로 투자할 경우 장기 투자를 할 수 없고, 장기 투자를 하더라도 비트코인의 변동성을 극복하고 장기 보유하는 것은 너무 어렵다는 사실을 모두 알고 있다.

결국 단타를 해야 하는데, 극히 일부의 투자자만 돈을 번다. 영끌 소식이 들리고 얼마 지나지 않아 업비트*의 거래량이 코스피를 추월했다고 했다. 도지코인**의 거래대금이 10조 원을 넘었다. 그것도 한 개의 코인거래소에서….

'얼마나 많은 사람이 돈을 잃었을까?' 최종 승자는 거래소뿐이라는 사실이 씁쓸했다.

• 업비트
대한민국의 대표적인 암호화폐 거래소

•• 도지코인
스마트 컨트랙트 기능을 갖춘 암호화폐의 일종. 2013년 미국의 빌리 마커스와 잭슨 팔머가 만든 암호화폐 투자할 때 종종 대출의 유혹을 받는다. 유혹의 가장 큰 이유는 시드가 적다는 생각 때문이다. 물론 시드의 차이가 수익의 차이를 발생시키지만 시드가 없어 대출받는다는 말은 핑계에 불과하다.

적은 돈으로도 큰돈을 벌 수 있는 것이 암호화폐 시장의 가장 큰 장점이다. 적은 돈으로 큰돈을 만들 수 없다면, 큰돈이 있어도 돈을 벌 수 없다.

대출에 대한 유혹이 들 때마다 항상 이렇게 생각한다.

'시드가 많을수록 많이 잃는다.'

'다시 시작할 수 있었던 이유는 빚이 없었기 때문이다.'

3장

비트코인 실전
투자 기법

비트코인의 반감기와 4년 주기 사이클

투자에 있어서 가장 중요하다고 생각하는 부분은 '투자는 사이클' 이라는 점이다. 하지만 투자자들 대부분은 이러한 사이클을 무시하고 투자를 시작한다. 겨울에 씨앗을 뿌리면 식물이 자랄 수 없듯이 하락 사이클에서 큰 수익을 기대하기는 어렵다. 봄에 씨앗을 뿌리고 가을에 수확하고, 겨울에는 쉬는 것처럼 투자도 마찬가지로 적절한 사이클에 따라 적극적으로 투자해야 할 시기와 한 걸음 물러나서 쉬는 시기가 정해져 있다.

비트코인의 가장 큰 특징 중 하나는 반감기라는 명확한 4년 주기 사이클이 존재한다는 점이다.

비트코인을 얻기 위해서는 컴퓨터를 이용해 16진수로 되어 있는 랜덤된 64자리 숫자를 풀어야 보상을 받을 수 있다. 이러한 행위를 '채굴'이라고 한다. 비트코인의 반감기란 채굴 보상이 절반으로 줄어드는 것을 말한다.

초기 채굴 보상은 50BTC(bitcoin)였으나, 2012년 11월 1차 반감기와 2016년 7월 2차 반감기, 2020년 5월 3차 반감기를 거쳐 비트코인의 채굴 보상이 25TBC ⇨ 12.5BTC ⇨ 6.25BTC로 줄어들게 되었다. 그리고 2024년, 4월 4차 반감기 이후 채굴 보상이 3.125BTC로 줄어들 예정이다.

| 반감기에 따른 채굴 보상 |

구분	1차 반감기	2차 반감기	3차 반감기	4차 반감기
시기	2012년 11월	2016년 7월	2020년 5월	2024년 4월(예정)
채굴 보상	25BTC	12.5BTC	6.25BTC	3.125BTC

비트코인의 반감기가 중요한 이유는 발행 개수가 2,100만 개로 정해져 있기 때문이다. 비트코인이 시간이 지날수록 반감기를 거쳐 공급이 줄어들게 되면 비트코인의 가치는 올라가게 된다.

과거의 비트코인 반감기 특징을 살펴보면 반감기 이후 비트코인의 가격이 기존 최고점을 새롭게 갱신하면서 급등했다는 사실을 알

| 비트코인 반감기 차트 |

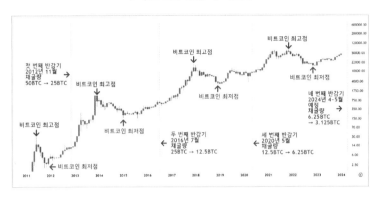

수 있다. 급등 뒤에는 약 1년간 80% 이상 하락했으나 다시 반감기를 지나며 최고점을 갱신하면서 꾸준히 상승해왔다.

이렇게 비트코인은 다른 자산들과 다르게 반감기를 기점으로 급등과 급락이 4년 주기로 사이클이 발생하고 있다. 이러한 사이클을 '비트코인 4년 주기 사이클' 또는 '4년 주기'라고 한다.

2024년 1월 기준 비트코인의 4년 주기 사이클에서의 위치를 살펴보면 반감기를 앞두고 있으며, 본격적인 상승이 시작될 것이라는 점을 알려주고 있다.

02

모두가 알고 있는
비트코인 반감기

그런데 여기서 한 가지 의문이 든다. 지금까지 3차례 반감기를 경험하고 4번째 반감기 사이클이 진행되고 있는 지금, 앞으로도 계속해서 같은 사이클을 유지할 수 있을까?

4년 주기 사이클로 이야기할 때마다 많은 투자자가 '모두가 비트코인의 반감기 사이클을 알고 있는데, 과연 이번에도 똑같이 흘러갈 것인가'에 대한 의문을 가지고 질문하는 경우가 많다.

이러한 의심을 갖게 되는 이유는 오래 비트코인에 투자한 분들에게 반감기는 기본으로 알고 있는 개념이라는 생각과 함께 모두가 비트코인 반감기를 알고 있다고 생각하기 때문이다.

이러한 주장에 대한 필자의 의견은 2017년과 2021년의 상승장을 통해 대중의 비트코인과 암호화폐에 대한 인지도는 많이 상승했다는 점은 분명하다. 하지만 암호화폐에 처음 투자를 시작한 경우 비트코인에 대한 명확한 이해를 바탕으로 투자하기보다는 상승할 것이라는 막연한 기대감으로만 투자하고 있다. 그리고 암호화폐 투자 입문을 비트코인보다 알트코인으로 하고 있기 때문에 여전히 비트코인의 4년 주기 사이클을 정확하게 이해하고 있는 사람들을 찾아보기는 어렵다는 것이다.

필자의 경우에도 비트코인 4년 주기 사이클에 대해 정확하기 이해하기까지는 4년간의 하락과 상승을 몸으로 경험해보고 나서야 이해할 수 있었다.

4년 주기에 대한 의심은 2021년 상승장이 지나고 2022년 하락장이 다시 한번 찾아오면서 투자자들 사이에서 다시 이야기가 나왔다. 하지만 의심하고 있는 사이, 비트코인은 여전히 4년 주기 흐름대로 움직이고 있다.

그렇기 때문에 이번에는 다를 거라는 생각보다는 4년 주기 사이클을 참고해 투자하는 것이 현명한 선택이라고 생각한다.

03

비트코인 사계절

앞서 투자는 사이클이고, 비트코인의 4년 주기 사이클에 맞추어 투자해야 한다는 점을 강조해왔다. 하지만 비트코인 4년 주기 사이클만으로는 무엇인가 부족하다.

필자가 4년 주기에 대해 여러 방면으로 분석한 끝에 4년 주기 안에도 사이클이 있다는 점을 발견하게 되었다. 세부 사이클은 겨울, 봄, 여름, 가을의 사계절로 나누어진다.

4년 주기 사이클을 계절별로 나누는 이유는 비트코인의 투자가 농사를 짓는 것과 유사하다는 생각이 들었고, 실제로 계절별로 나누면서 투자에 대한 세부적인 통계자료를 얻었기 때문이다.

| 비트코인 사계절 차트 |

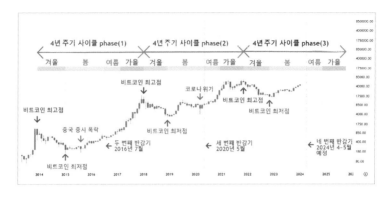

필자의 경우 현재 사계절에 따라 투자하고 있고, 다음 상승장을 준비하면서 시장의 흐름을 체크해보고 있다. 각 계절별 비트코인의 특징과 우리가 어떠한 태도를 취해야 하는지 지금부터 알아보도록 하자.

본격적인 비트코인 사계절 분석에 앞서 비트코인 4년 주기 사이클이 2013년 12월 이후부터 시작되었다고 생각하고 분석하려고 한다. 2013년 12월부터 분석을 시작하는 이유는 이전 기간의 경우 반감기가 존재했지만 비트코인이 시장에서 제대로 거래되지 못했고, 등락이 매우 심해서 차트상 의미가 없다고 판단했기 때문이다.

따라서 2013년 12월~2017년 12월까지는 첫 번째 사이클, 2018년 1월~2021년 12월까지 두 번째 사이클이 진행되었다. 2022년 12월~현재까지 세 번째 사이클이 진행되고 있다는 가정하에 비트코인 사계절을 설명해보려고 한다.

비트코인 겨울 1

모든 것이 얼어붙은
암호화폐 시장

사계절을 나눌 때 봄, 여름, 가을, 겨울 순서대로 이야기한다. 하지만 비트코인의 사계절은 상승이 끝나고 하락이 시작되는 겨울부터 시작된다. 겨울부터 시작하는 이유는 대부분의 투자자가 암호화폐를 처음 시작하는 시기가 상승장의 끝무렵부터 시작해서 충분한 대비 없이 하락장을 맞이하는 경우가 많기 때문이다.

비트코인의 첫 번째 계절인 겨울은 비트코인이 최고점 이후 하락이 시작되고 최저점을 찍는 약 1년간의 기간을 이야기한다.

농사를 짓는다고 생각하고 겨울을 떠올려 보자. 겨울에는 농작물들이 자라기 힘든 상황이기 때문에, 농사를 짓는 대신 휴식기를 가진다. 얼어붙은 논과 밭에서는 농작물이 자랄 수 없는 환경이며, 노력한다고 해서 해결될 수는 없다. 비트코인도 마찬가지로 최고점에 도달한 이후 약 1년 동안 긴 하락 기간을 가지게 된다.

이 기간 동안에는 비트코인에 여러 가지 악재가 계속해서 발생하면서 하락을 가속한다.

첫 번째 사이클에서는 비트코인 거래량의 70%가 발생했던 일본의 마운트곡스 거래소*에서 85만 개의 비트코인 해킹 사건을 계기로 비트코인이 최고점 대비 86% 하락했다.

두 번째 사이클에서는 ICO(Initial Coin Offering, 가상통화) 거품이 붕괴되면서 비트코인은 최고점 대비 85%, 이더리움**은 95% 하락했다.

세 번째 사이클에서는 연준의 긴축과 함께 루나를 비롯한 디파이*** 기업들이 파산하면서 비트코인이 최고점 대비 77% 하락했다.

이처럼 암호화폐 겨울 기간에는 여러 가지 악재 소식과 함께 비트코인과 알트코인의 가격 폭락이 지속적으로 발생하게 되면서, 투자자들에게 암호화폐 시장이 끝났다는 절망감을 가져다주게 된다.

• 마운트곡스 거래소
2010년 설립 후 2014년 4년간 세계 최고의 암호화폐 거래소였다. 암호화폐 업계에서 최초의 대실패

•• 이더리움
스마트 컨트랙트 기능을 갖춘 암호화폐이자 클라우드 컴퓨팅 플랫폼. 가상화폐 플랫폼, 알트코인의 어머니라 불림. 비트코인을 뛰어넘는 범용성을 제공하며, 이더리움의 수량은 무한이다. 화폐 단위는 이더(Ether)이며, ETH로 표시

••• 디파이
중앙화된 기업 없이 블록체인 생태계에서 구현되는 금융 서비스

그렇기 때문에 비트코인 겨울에서 가장 좋은 투자 방법은 투자에서 한발 물러나 잠시 쉬었다 겨울이 끝나가는 시점에 투자를 시작하는 것이다.

비트코인 겨울 2

최고점을 돌파할 것이라는
희망 뒤에 찾아오는 좌절감

하지만 한발 물러나 잠시 쉬었다가 겨울이 끝나가는 시점에 다시 투자하는 방법은 생각보다 쉽지 않다. 가장 큰 문제는 비트코인이 언제 최고점인지 판단하기 어렵고, 처음 투자를 시작한 투자자들은 하락장이 시작되었다는 점을 알기는 힘들다는 점이다.

이미 상승장에서 비트코인은 큰 조정 후에도 계속해서 전고점을 돌파해왔기 때문에 이번의 하락도 일시적인 조정이라고 생각하며 다시 전고점을 돌파할 것이라는 기대감을 갖게 한다. 하지만 본격적인 암호화폐 겨울 시기가 시작되면 전고점을 돌파하지 못하고, 직전 저점을 갱신하면서 계단식으로 하락하게 된다. 그럼에도 불구하고 다시 한번 상승할 것이라는 미련을 버리지 못하는 사이, 이미 매도할 타이밍을 놓치게 된다. 그리고 -20%였던 투자 손실이 -30%, -40%, -50% 등 계속해서 하락률만 높아지게 된다.

겨울 시기의 더 큰 문제는 대부분의 경우 비트코인보다 알트코인을 보유하고 있는 경우가 많다는 점이다. 알트코인의 경우 하락 속도가 비트코인보다 더 빠르고 하락 기간이 길며, 대부분 알트코인의 최고점 대비 최저점의 하락률은 -90%에서 -95%가 되기 때문에 더욱 버티기 힘든 상황으로 이어진다.

그렇기 때문에 비트코인 가을 기간이 끝나갈 때쯤에 비트코인이 기존 고점을 넘지 못하게 될 경우 조금의 손실이 발생했더라도 미련 없이 빠져나가야 한다.

필자는 20% 안쪽의 손실일 경우 과감하게 매도 결정을 내려야 한다고 생각하고 있다.

지금 당장 손실을 보고 빠져나가는 것은 매우 가슴 아픈 일이지만 몇 달 후에는 최고의 선택이 되어 있을 것이다.

06

비트코인 겨울 3

섣부른 매수는
지옥으로 가는 지름길

비트코인의 겨울이 시작되면 하락을 충분히 대비해 현금화를 마친 투자자와 그렇지 못한 투자자들로 나누어지게 된다.

미리 대비한 투자자나 그렇지 못한 투자자들 모두에게 비트코인 겨울 기간에 가장 조심해야 할 부분은 섣부른 매수를 금지해야 한다는 점이다.

본격적인 하락장에 접어들게 되면 비트코인과 알트코인이 30% 이상 하락해 있을 것이다. 최고점 대비 30% 빠진 가격을 보면 매우 저렴해 보인다. 그러다 보면 매수 심리가 발동하게 된다.

특히 미리 대비하지 못한 투자자들은 물을 타서 반등이 올 때 손실을 만회하고 빠져나갈 수 있다는 생각을 하게 된다. 하지만 필자가 말하건데 미리 대비하지 못한 투자자들은 암호화폐의 투자 경험이 부족한 상황이기 때문에 물을 타서 본전에 빠져나가는 경우를 본 적이 없다.

설사 운 좋게 본전에 왔다고 하더라도 지금까지 하락을 견딘 보상심리가 발동하면서 조금이라도 수익을 보고 빠져나가려는 탐욕이 생기게 된다. 그러다 결국 다시 수익이 마이너스로 되면서 오히려 더 큰 금액의 손실을 보게 된다.

하락에 미리 대비한 투자자들의 경우에도 반등에서 수익을 노리고 투자하는 경우도 많다. 하지만 대부분의 경우 수익을 보기보다는 오히려 손실로 돌아오면서 다시 하락의 지옥 속으로 빠지는 경우를 자주 목격했다.

그렇기 때문에 겨울 기간에는 섣부른 매수를 하기보다는 한 발 떨어져서 시장을 지켜보고 앞으로의 투자계획을 점검해보는 시간을 가지는 것을 추천한다.

07

비트코인 겨울 4
공포를 이겨내고 매수하라

그렇다면 언제 매수를 시작해야 할까?

과거 비트코인 첫 번째 사이클과 두 번째 사이클에서는 겨울 기간 동안 12개월이 지나서야 하락했고, 최고점 대비 85% 정도의 하락이 발생했다. 과거의 사이클을 참고했을 때 가장 좋은 매수 시기는 최고점을 찍고 12개월이 지난 시점과 80% 이상 하락이 발생했을 때라는 점을 알 수 있다.

필자의 경우도 과거의 사이클을 참고해 첫 매수를 진행하려고 준비했다. 2022년 6월 연준의 급격한 금리 인상, 루나 사태, 디파이 기업들의 대규모 파산 등 연일 악재 뉴스 속에서 비트코인이 2만 달러까지 떨어지면서 처음으로 매수에 대한 생각이 들었다.

그러나 비트코인이 2021년 11월부터 하락했다는 점을 고려해보았을 때 2022년 6월까지 8개월밖에 하락하지 않았고, 하락 폭도 70% 정도밖에 되지 않았다. 게다가 거시적인 경제 측면에서도 연준이 계속해서 자이언트 스텝*을 이어나갈 확률이 높은 상황이었으므로, 아직은 적극적인 투자 시점은 아니라고 판단했다. 그래서 시장 상황을 조금 더 지켜보기로 결정했다.

이후 몇 달이 흘러 2022년 11월에 세계 3위 거래소였던 FTX가 뱅크런과 함께 파산하면서 비트코인은 다시 한번 하락했고, 매수의 기회가 왔다는 생각이 들었다.

하지만 몇 가지 고민이 생겼다. 하락의 기간상으로는 12개월이 지난 시점이었기 때문에 이미 충분한 저점이라는 생각이 들었지

• **자이언트 스텝**
큰 규모의 급격한 기준금리 인상을 뜻하는 상징적인 표현. 일정 기간 관행적으로 이루어졌던 기준금리 조정의 폭보다 큰 경우를 흔히 '빅 스텝'이라고 표현하는데, 이보다 더 크고 급격한 규모의 기준금리 조정이 일어난 경우를 의미하는 비유적 표현으로 사용된다.

만 최고점 대비 77%인 1만 5,000달러까지밖에 하락하지 않았고, 85%까지 하락하려면 1만 달러까지 추가로 하락해야 한다는 부분이었다.

이미 공포 분위기가 시장을 지배하고 있는 상황에서 선뜻 매수할 용기가 나지 않았다. 여러 고민 끝에 내린 결론은 추가 하락을 대비하면서 분할로 1만 달러까지 계속 사기로 결정했다.

비트코인이 하락하기 시작한 지 1년 만에 처음으로 본격적인 매수를 진행했다.

필자의 사례를 통해 알 수 있는 점은 크게 두 가지가 있다.

첫째, 비트코인 사이클에서 기간과 가격이 맞지 않을 경우 기간을 우선해서 판단해야 한다는 점이다. 필자는 1만 달러까지 하락할 가능성이 클 것으로 예상하고 있었으나, 결국 1만 5,000달러가 최저점 부근이었다.

필자는 비트코인이 시간이 지나면서 과거보다 기관과 개인들의 관심이 높아지는 상황에서 과거보다 하락 폭이 크지 않을 수도 있다는 부분을 생각하지 못했다. 그렇기 때문에 기간과 가격 둘 중에 우선시해야 할 점은 기간이다.

둘째, 공포를 이겨내고 매수해야 한다는 점이다.

필자의 사례에서 본 것처럼 비트코인을 매수해야 한다는 생각이 들지만 막상 매수를 진행하려고 하면 망설여지게 된다. 연일 악재 뉴스 속에서 시장은 공포 분위기에 휩싸여 있고, 1년이라는 긴 시간 동안 하락을 경험하면서 자신감은 이미 바닥으로 떨어졌기 때문이다.

필자의 경우 하락장을 충분히 대비해왔음에도 불구하고 불안한 심리를 이겨내기는 쉽지 않았다. 충분히 대비했던 필자도 공포감을 극복하는 게 쉽지 않았는데, 처음 하락장을 경험하는 투자자들이 공포감을 극복하고 매수하기란 매우 어렵다.

이러한 공포감을 극복하는 가장 좋은 방법은 우리가 최저점에 근

접했다고 생각되는 지점부터 떨어질 때마다 계속 매수한다는 생각으로 분할 매수를 하는 방법이다.

계속 매수하다 보면 비트코인의 가격은 이미 최저점 어디에선가 형성될 것이다. 그리고 설사 추가적으로 하락했다 하더라도 몇 달 뒤면 지금보다 높은 가격으로 형성되어 있음을 것을 발견할 수 있을 것이다.

겨울 기간이 끝날 시점에 최고점 대비 충분히 하락했다고 판단되면 분할로 매수를 진행해보자. 시간이 흐른 후 살펴보면 나의 매수 평균 금액은 최저점 부근 어디에선가 형성되어 있을 것이다.

끝없는 물타기
– 팽돌이

코인이나 주식투자를 하면서 가장 가슴 아픈 단어를 찾으라고 한다면 나는 하락이 아니라 물타기라고 말하고 싶다. 이 단어만 들으면 눈물이 난다.

2017년 처음 2,000만 원으로 시작한 코인 투자는 어느새 6,000만 원을 투자하게 되었다. 한때는 수익이 2억 원을 넘어서 이렇게 내가 돈을 잘 벌어도 되나 생각했다. '돈을 버는 것이 이렇게 쉽다고? 이러다가는 금방 은퇴할 것'이라고 생각했다. 하지만 역시 행복은 오래가지 못했다. 나의 희망은 6개월도 안 돼 사라져 갔다.

2018년부터 코인은 급격한 하락을 맞이했다. 2,700만 원이던 비트코인이 300만 원선까지 하락했다. 그 당시 난 이더리움을 많이 가지고 있었다. 이제부터 나의 눈물의 물타기 역사를 이야기하려 한다.

200만 원이 넘던 이더리움이 하락하기 시작하더니 150만 원으로 하락한다.

'너무 싸잖아. 이렇게 떨어지다니.' 이번 달 수입을 전부 물타기를 한다. 얼마 지나지 않아 100만 원이 되었다.

'이제 바닥이지, 뭐.' 수입 전부를 물타기 한다. 그리고 50만 원까지 하락한다.

'야, 정말 이건 하늘이 준 기회다.' 마이너스 통장에 남은 모든 금액을 물타기를 한다. 30만 원까지 하락한다.

이제는 정말 손이 떨린다. 나의 모든 판단이 무너지기 시작한다. 2억 원을 투자했는데 통장에 거짓말처럼 2,000만 원만 남았다.

'3억 원을 본 것이 얼마 안 됐는데, 이 숫자가 말이 되나?' 심장이 떨려 잠이 오지 않는다. 와이프 몰래 투자했기에 말도 하지 못한다. 큰 죄인이 된 것 같다.

말로는 '2년 더 일하고 늦게 은퇴하면 되지'라고 스스로 위안했지만 자꾸 슬펐다. 밤에 몰래 핸드폰을 보다가 머리에 떨어뜨렸다. 핸드폰에 맞아 머리가 아픈 것인지, 그냥 머리가 아픈 것인지 모르겠다. 그래도 나는 용의 심장으로 물을 더 타기로 한다. 보험을 해지하고, 적금을 중도 해지해서 마지막으로 물타기를 한다.

'200만 원이었던 이더리움이 20만 원이라니, 절호의 기회다.' 울면서 기도하며 물을 탔다. 역시 슬픈 예감은 틀린 적이 없다. 이더리움이 9만 원까지 하락한다. 이제 더는 희망이 없다. 물을 탈 용기도 없지만 돈도 없다. 녹아내린 계좌처럼 나의 마음도 녹아 내렸다.

'한강은 춥겠지'. 죽을 용기도 없다. 마음이 계속 허전하다. 티도 못 내고 웃으면서 일하는 내가 싫다. 가족에게도 미안하다. 사업에 실패해서 진 빚을 이제 다 갚았는데, 다시 빚이 늘고 있다.

가장으로서 판단이 아쉽다. 역시 내 인생은 항상 어렵다. 이제 물타기를 그만 하고 싶다. 나도 불타기라는 것을 해보고 싶다. 거울에 비친 나의 모습이 처참하다. 아, 그래서 요즘 난 내 사진을 찍지 않는다. 슬프지만 너무 늙어서.

지금 와서 생각해보면 그 처참하고 가슴 시린 경험 때문에 성공이 더 빛나긴 했지만, 다시는 그런 물타기 경험은 하지 않았으면 좋겠다.

ICO와 -95%
– 호필

2020~2021년 주식시장에 IPO(기업공개) 붐이 일어났다. SK바이오 팜, 카카오뱅크, 카카오페이, SK바이오사이언스 등 IPO에 대한 열기는 너무 뜨거웠다. 몇 종목 골라 IPO에 참여하고 주식이 상장되는 날 상장과 동시에 가격과 상관없이 매도했다.

IPO를 보면 2017~2018년 ICO 시절이 떠오른다. 본격적으로 암호화폐에 투자를 시작하면서 다른 초보 투자자들과 마찬가지로 비트코인이 너무 비싸다는 생각이 들었다.

이더리움과 다른 알트코인들도 이미 너무 상승했기 때문에 눈에 들어오지 않았다. 그러다 ICO(Initial Coin Offering, 가상통화공개)를 알게 되었다. ICO는 쉽게 IPO를 코인으로 한다고 생각하면 된다. 자금을 원화 대신 이더리움으로 받고, 주식 대신 발행된 코인으로 받는다.

문제는 ICO를 하겠다는 기업들은 매출이나 실적이 없고 단순히 아이디어만을 가지고 자금을 모집해 코인을 발행한다는 점이다. 큰 리스크가 있다는 점을 알고 있어도 100개 중 한 개만 성공하면 된다는 생각으로 투자를 시작했다.

ICO에 대한 정보를 얻기 위해 평일에는 각종 커뮤니티 인터넷 글들을 찾아보았다. 주말에는 ICO에 대한 설명회가 있는 장소를 찾아다녔다. 대부분의 ICO 행사는 서울의 호텔들에서 개최되었다. ICO 하면서 서울에 있는 호텔은 거의 다 가본 것 같다.

하지만 이때까지만 하더라도 호텔 장소 비용과 무료로 제공된 여러 가지 음식이 내가 투자한 돈이라는 사실을 인지하지 못했다. 그렇게 하나둘씩 투자하다 보니 어느새 참여한 ICO는 20개가 넘어갔다.

코인 시장은 이미 폭락이 진행되고 있었지만 괜찮았다. 나에게는 ICO 코인들이 있었다.

'ICO에 참여했던 코인들이 상장되어 한 개만 100배를 간다면 본전 이상의 성공을 거둘 수 있어. 포기하지마!'

애써 희망 회로를 돌려보았다. 그렇게 더 좋은 ICO를 찾기 위한 여정은 계속됐다.

어느덧 참여한 ICO가 50개 가까이 되었다. 그중 몇 개는 상장했지만 90% 이상 하락했다. 그래도 괜찮다. 1개만 성공하면 되니까….

ICO가 60개가 되었다. 더는 투자할 자금이 없었다. 100배가 아니더라도 1~2개에서 10배 정도만 나오면 계속 투자할 수 있을 텐데….

상장하기로 한 코인들이 상장되지 않기 시작했다. 상장된 코인들도 -50%면 선방하는 수준으로 결과는 처참했다. 점점 초조해졌다.

그러나 멈출 수 없었다.

'이번에 투자하는 것은 성공할 거야.'

그러나 시간이 지날수록 ICO 기업들이 하나씩 사라지기 시작했고, 상장은 되지 않았다. 그사이 비트코인이 6,000달러에서 3,000달러로 떨어졌다. 그동안 외면했던 투자금을 정리해보고 남아 있는 잔고를 확인해봤다.

1억 원 가까이 투자했는데 500만 원도 남지 않았다. -95%라니⋯ 무엇을 어떻게 해야 할지 몰랐다. 하락보다 더 힘든 점은 누군가에게 말을 할 수 없다는 점이었다.

'그럴 줄 알았다', '도박을 왜 했니?' 각종 비난이 쏟아질 것은 분명했기 때문에 가족, 친구, 지인 누구에게도 말하지 못했다. 게다가 거의 모든 ICO 기업이 사라졌다. 세상 사람들이 암호화폐의 존재를 잊은 것 같았다.

기업들이 무너지고 사라졌던 IMF 때 이런 기분이었을까?

지금도 지옥 같았던 2018~2019년도를 생각하면 울컥한다. 지금 현재 개인 하드지갑에는 ICO에 참여했던 수많은 코인이 디지털 숫자로 남아 있다. 쳐다도 보기 싫었던 하드지갑이 이제는 힘든 순간이 찾아오거나 투자의 초심을 다잡고 싶을 때 한 번씩 꺼내보는 부적이 되었다.

그렇게 인생에서 가장 추웠던 겨울이 끝나고 있었다.

따뜻한 겨울

─ 호필

2021년 11월, 비트코인의 두 번째 가을이 지나고 겨울이 다가오고 있었다. 하지만 이번에도 역시 많은 사람이 하락이 왔음을 느끼지 못하고 있었다.

2021년 12월 엄청난 하락이 찾아왔다. 수없이 많은 하락을 경험했어도 다시 찾아온 하락은 적응하기 힘들었다. 너무 빠르게 온 하락을 보면서 강하게 반등이 올 것이라는 확신이 들었다.

예상대로 강한 반등이 왔다. 미처 정리하지 못한 코인들은 정리하고 일부는 남겨두기로 했다.

그렇게 2022년 한 해가 새롭게 시작되었다. 4년 전 엄청 춥게만 느껴졌던 겨울이 지금은 따뜻하게 느껴졌다. 여유롭게 다음 비트코인을 어떻게 투자할지 계획을 세워보고 1년 동안 무엇을 해야 할지 고민해본다.

답은 분명했다.

'1년 동안 암호화폐 투자를 하지 말자! 대신 경제와 투자 공부는 계속하자!'

투자를 하지 말자는 계획은 생각보다 어려웠다.

6만 9,000달러에서 3만 5,000달러까지 50% 가까이 떨어진 비트코인을 보면서 투자에 대한 욕심이 생겼다.

단타에 자신이 없기 때문에 그냥 기다리기로 했다. 비트코인이 4만 8,000달러까지 반등하자 이번에도 역시 다시 전고점을 돌파할 것이라는 분석들이 나오기 시작했다.

4년 전과 소름 돋게 똑같았다. 역시나 다시 하락을 시작했다.

2022년 5월 테라의 스테이블 코인*인 UST가 달러와의 1:1 페깅(두 자산을 연동하여 한 자산의 가치로 고정)이 깨졌다는 소식과 함께 루나 코인이 급락하기 시작했다. 상황은 해결될 기미가 보이지 않고 달러와 1:1로 유지해야 하는 UST가 1:0.1까지

● **스테이블 코인**
특정 현물과의 연계(binding)를 통해 그 가치를 담보하는 형태의 코인을 의미

내려가면 루나 코인도 급격하게 하락한다. 문제는 암호화폐를 맡기고 이자를 지급해주는 디파이 시스템도 함께 무너졌다는 점이다.

디파이 시장이 무너질 것이라고 예상은 했다. 하지만 시가총액 10위 안에 들었던 루나 코인에서 발생할 것이라고 생각하지 못했고, 너무 빨리 발생했다.

디파이 기업들이 연쇄로 파산하기 시작했고, 디파이에 투자했던 기업들도 함께 무너져 내렸다.

비트코인도 당연히 하락했다. 알트코인은 모든 코인이 사라질 것 같은 기세로 하락하고 있었다. 루나 코인은 더 이상 값을 매길 수 없을 정도로 하락했다. 며칠 전까지만 하더라도 4만 원이 넘었던 코인이 불과 며칠 만에 1원까지 하락하다니…. 역시 코인 시장은 우리가 상상하는 이상의 일들이 발생한다.

폭포처럼 떨어지고 있는 루나의 모습을 보면서 투자하고 있지 않았는데도 과거의 공포감이 떠오르면서, 처음으로 비트코인을 매수하고 싶은 충동이 일었다.

하지만 아직 하락 기간까지는 더 남아 있고, 과거 평균 하락률인 85% 하락까지는 50% 이상 더 하락해야 했기 때문에 지켜보기로 결심했다.

루나 사건이 발생하고 5개월이 지난 2022년 11월, 이번에는 암호화폐 3위 거래소인 FTX에서 뱅크런이 발생하면서 FTX거래소가 파산했다. 암호화폐 시장은 각종 사건 사고로 지루할 틈이 없다.

비트코인은 1만 5,000달러까지 떨어졌고 또다시 매수해야겠다는 생각이 들었다. 하지만 더 하락할 것 같은 기분이 들면서 막상 손이

나가지 않았다. 그러나 지금 매수하지 않으면 안 될 것 같아 용기내어 소액 매수했다.

소액 매수를 하니 자신감이 점점 올라갔다. 올라간 자신감을 가지고 조금 더 매수했다. 4년 전과 180도 변화된 상황에서 첫 매수와 함께 비트코인의 겨울이 끝나가고 있었다.

08

비트코인 봄 1
급등과 급락,
지루함이 공존하는 시간

비트코인의 두 번째 계절인 봄은 비트코인이 최저점을 찍은 후 반 감기까지를 말한다. 비트코인의 봄은 17~18개월 지속되고 사계절 중 가장 긴 기간 동안 지속된다.

겨울이 지나고 봄이 찾아오고 얼었던 땅이 녹으면서 본격적인 농 사가 시작되는 것처럼 비트코인의 봄 기간에도 본격적인 매수가 진 행된다.

비트코인 봄 계절의 특징을 한마디로 정리해보면 급등과 급락, 지 루함이 공존하는 시간이라고 말할 수 있다.

비트코인 겨울이 지나면서 비트코인의 가격은 최저점을 찍었지만 여전히 낮은 가격에서 형성되어 시장에는 공포감이 남아 있다. 그러는 사이 처음으로 의미 있는 반등이 나오기 시작한다. 이후 공포감은 사라지고 새로운 희망이 가슴 한편에 차오르게 된다.

하지만 이러한 희망도 잠시, 다시 한번 하락하면서 또다시 희망은 사라진다. 이후 몇 달 동안 크게 상승하지도 하락하지도 않는 지루한 기간도 종종 발생한다.

이렇게 급등과 급락, 횡보가 공존하다 보니 오히려 겨울보다 더 심리적으로 힘든 시간이 찾아오게 되고, 잘못된 실수를 자주 하게 된다.

농사를 지을 때도 씨를 뿌리고 새싹을 어떻게 관리하는지에 따라 농사의 결과가 결정되는 것처럼, 비트코인의 봄 기간에 어떻게 매집하고 심리적인 요인을 잘 다스리는지에 따라 향후 비트코인의 수익률이 결정된다.

09

비트코인 봄 2
꽃샘추위와 반등

겨울이 지나가고 봄이 시작되는 3월이지만 여전히 추운 날씨가 한동안 지속된다. 잠시 따뜻해진 것 같다가도 어느 순간 꽃샘추위가 찾아온다. 비트코인도 마찬가지로 고점에서 충분히 하락했다고 생각이 들지만 더 하락할 것이라는 공포감이 여전히 남아 있다. 이러한 공포감 속에서 자신 있게 분할 매수를 시작했지만 매수한 금액은 전체 투자금의 극히 일부다.

그러는 사이 비트코인은 조금씩 상승하기 시작한다. 하지만 이내 다시 기존 저점 부근까지 떨어지고 추가 하락에 확신을 주면서 매수하지 못하게 만든다.

그런데 기존 저점을 깨지 않고 다시 비트코인 반등이 시작된다. 이때부터 하락론자로 변신하면서 오히려 비트코인이 떨어지기를 기도한다. 하지만 비트코인은 비웃기라도 하듯이 계속해서 상승한다.

비트코인이 상승하는 상황에서 관점을 변경해 빠르게 추격매수를 해야 하지만 이미 머릿속에는 하락밖에 보이지 않는다. 때문에 쉽게 추격매수를 하기는 점점 더 어려워진다.

10

비트코인 봄 3
너무 비싸 보이는 환상

비트코인이 저점에서 반등을 시작하게 되면 우리의 생각보다 빠르게 상승한다. 보통의 경우 불과 1~2개월 만에 최저점에서 100% 이상 상승하게 된다.

그러면서 우리는 무엇인가 잘못되고 있다는 생각이 든다. 다행인 점은 비트코인이 상승 후에 다시 한번 조정이 발생한다는 사실이다.

하지만 이번에는 다른 문제가 발생한다.

예를 들어 1만 5,000달러였던 비트코인이 3만 달러까지 상승했다가 2만 5,000달러까지 조정이 왔다고 가정해보자.

대부분의 경우 3만 달러에서 15% 정도 하락했다는 생각보다는 최저점인 1만 5,000달러보다 무려 1만 달러나 높은 금액이라고 생각하게 된다.

최저점에서는 계속 하락할 것이라는 심리가 발동해 매수하지 못했다면 이번에는 최저점 대비 가격이 비싸 보여 매수하지 못하게 만든다.

그러는 사이 비트코인이 또다시 상승하게 되면 다시 후회하면서 뒤늦게 매수를 시작한다. 하지만 매수한 지 얼마 지나지 않아 비트코인이 다시 하락하지 않으면서 2만 5,000달러에 매수하지 않은 자신을 자책하게 된다.

이렇게 비트코인 봄 기간에 상승과 하락이 반복하면서 오히려 겨울보다 심리적으로 더 큰 타격을 입게 되는 경우가 자주 발생한다.

11

비트코인 봄 4

비트코인이 움직이지
않아요!

비트코인 봄의 또 다른 특징 중 하나는 급등과 급락 뒤에 횡보의 기간이 발생한다는 점이다. 비트코인 겨울의 경우 끝을 모르고 계속 하락하고, 비트코인이 본격적으로 상승하는 여름과 가을에는 지속적으로 상승하기 때문에 지루할 틈이 없다. 반면 봄의 경우 급등과 급락 뒤에 일정 기간 동안 횡보하는 경우가 많이 발생한다.

여기서 재미있는 사실은 비트코인이 크게 하락했을 경우보다 오히려 횡보 기간에 투자자들이 더 많이 시장을 외면하고 떠나간다는 점이다.

이러한 이유에 대해 필자는 이미 1년이라는 긴 하락 동안 오르지 못하는 횡보 기간이 찾아오면서 심리적으로 지치기 때문이라고 생각한다.

필자의 경험을 소개해보면 2018년 9월부터 큰 하락이 발생하기 직전인 2018년 11월까지 약 3개월 동안 6,000달러를 지지선으로 거의 변동성 없는 시장 상황이 3개월 동안 계속되었다.

큰 변동성을 보여왔던 비트코인에서 변동성이 사라지자 사람들의 관심은 점점 멀어졌고, 정말로 비트코인이 모든 사람에게 외면받아 이대로 끝날 것만 같은 생각이 들기도 했다.

차라리 하락했으면 좋겠다는 생각까지 했었다.

이처럼 봄의 기간에는 생각보다 횡보 기간이 자주 발생하고, 실제로 사계절 중 가장 긴 기간이다. 때문에 인내의 시간이 무엇보다 필요하다.

12

비트코인 봄 5
멘털을 잡아라

앞서 비트코인 봄의 특징에 대해서 살펴보았다. 봄의 기간은 급등, 급락과 함께 횡보 기간이 동시에 존재하는 구간으로 필자는 개인적으로 사계절 중 투자 난이도가 가장 높은 시기라고 생각한다.

그렇기 때문에 투자에 있어 잘못된 선택을 하는 경우가 많지만, 잘 투자하면 매우 큰 기회를 잡을 수 있는 기간이라고 생각한다.

이때 가장 중요한 점은 심리적인 안정감을 어떻게 유지하느냐가 성공의 열쇠이다. 즉 멘털을 잘 잡아야 한다.

하지만 많은 투자자가 투자에 너무 매몰되어 있는 경우를 자주 목격한다.

이렇게 투자에 집착하는 이유는 봄에 급등과 급락이 발생하기 때문이다. 하지만 급등과 급락은 우리가 생각했던 것보다 자주 발생하지 않고, 대부분의 경우 큰 변동성이 없다. 때문에 여유를 가지고 투자해도 괜찮은 시기라는 점을 항상 기억해야 한다.

우리가 집중해서 투자해야 할 시기는 봄이 아니라 가을이다.

그렇다면 어떻게 해야 심리적인 안정감을 유지할 수 있을지 궁금할 것이다. 필자가 추천하는 방법은 의도적으로 투자에 대한 생각을 비우는 시간을 만드는 것이다.

개인에 따라 독서, 운동, 여행 등 다양한 방법이 있을 것이다. 필자의 경우는 투자에 처음 실패했던 2018년도에 투자 실패를 인정하고 이후 독서, 자기계발과 경제 공부에 집중하면서 여행과 산책을 하는 등 의도적으로 머릿속을 비우는 시간을 만들려고 노력했다.

물론 인간이다 보니 상황에 따라 심리적으로 불안하거나 희망 회로를 돌리기도 했지만, 의도적으로 생각을 비우는 시간을 만들다 보니 빠르게 평정심을 되찾을 수 있었다.

우리의 본격적인 투자는 이제 막 시작됐으며, 우리가 의미 있는 성적을 내기까지는 아직 긴 시간이 필요하다는 점을 기억하자!

13

비트코인 봄 6
비트코인 수집가가 되자

투자 전략 설명에 앞서 가장 중요한 원칙을 다시 한번 강조하려고 한다. 바로 알트코인이 손실을 보고 있어도 비트코인만은 매수해야 하는 점이다. 이러한 이유는 알트코인은 언제든지 상장폐지가 가능하며, 비트코인 수익률이 손실을 보고 있는 알트코인보다 오히려 높기 때문이다.

우리가 알트코인에 집중적으로 투자할 시기는 비트코인이 최고점을 갱신하고 난 이후인 가을 시기다. 비트코인 봄의 투자 전략은 꾸준히 사서 모으는 것이다. 즉 우리는 비트코인 수집가가 되어야 한다.

필자는 비트코인을 투자금의 70~80%까지 봄 기간 동안 모으는 것을 추천한다. 단순히 비트코인만 모아가면 되기 때문에 쉬워 보일 수 있다. 하지만 자신의 투자금 70~80%를 매수하는 것은 필자의 경험상 매우 어렵다. 하락이 오면 더 떨어질 것 같고, 비트코인이 상승하면 너무 비싸 보이기 때문이다.

만약 운이 좋아서 저점에서 50% 이상 매수에 성공했다면 10% 이상 조정이 올 때마다 계속해서 추가 매수하는 것이 가장 좋은 방법이다.

그러나 초보 투자자들에게 겨울이 지나고 봄이 시작되는 타이밍에 매수하기는 쉽지 않다. 이때 필자가 추천하는 방법은 일단 10~25% 정도 매수한 다음 매수하는 날을 정해 꾸준히 매입하다가 하락이 크게 발생했을 때 매수 금액을 늘리는 것이다.

예를 들어 투자금이 1,000만 원인 상황에서 일주일에 10만 원씩 매수해서 13주 동안 130만 원을 매수했다고 가정해보자. 그러다 어느 날 갑자기 20%의 비트코인 조정이 왔다면 1,000만 원의 20%인 200만 원을 추가로 매수하면 된다. 이렇게 꾸준히 투자하다 보면 봄이 끝나기 전 전체 투자금의 70~80%는 충분히 매수했을 것이다.

만약 뒤늦게 매수를 시작했다면 매일 또는 매주 매수하는 금액을 늘리면 된다. 또한 매달 월급의 일부를 적금 대신 비트코인을 매수할 경우 한 달 월급의 일부를 나누어 매주 매수하는 것을 추천한다.

물론 월급 받는 날 한 달에 한 번 매수하는 것도 좋은 방법이지만, 비트코인이 급등한 상황이 발생할 수도 있기 때문에 매주 또는 2~3일에 한 번씩 매수하는 것을 추천한다.

남은 20~30%의 현금은 비트코인이 최저점 부근까지 한 번 더 큰 하락이 발생할 경우와 비트코인 봄이 끝나는 시기에 20~30% 이상 조정이 왔을 때 매수하는 방법이 가장 좋다. 굳이 투자하지 않고 변수를 대비해 현금으로 보유하는 것도 좋은 투자 방법이다.

마지막으로 한 가지 주의해야 할 점은 비트코인을 저점에서 사서 고점에 팔고, 다시 저점에서 매수하는 방법으로 비트코인의 개수를 늘리는 것은 추천하지 않는다.

투자금의 규모가 작을 경우 고점에서 팔고, 저점에서 매수하면서 비트코인 개수를 늘리고 싶은 마음은 충분히 이해된다.

하지만 이런 경우 필자를 비롯해 대부분의 투자자는 개수 늘리기에 실패하고, 오히려 줄어드는 경우가 대부분이다. 또한 매도 후에 다시 하락하지 않고 상승한다면 심리적으로 힘든 시간이 찾아오면서 투자 악순환의 늪에 빠지게 될 가능성이 크다.

때문에 비트코인 개수를 늘리기 위한 매매는 하지 않는 것을 추천한다. 차라리 현금을 더 모아 비트코인을 추가적으로 매수하는 방법이 좋다.

비트코인 봄에 비트코인을 어떻게 모으는지가 비트코인의 수익률을 결정하게 된다. 비트코인 수집가가 되어 꾸준히 모아보자!

치위생사의 성공 스토리
- 팽돌이

'난 소득의 얼마 정도를 투자하고, 어떻게 투자하는 것이 맞을까?' 라는 생각이 들 때마다 같이 근무했던 직원의 이야기가 생각난다.

2017년부터 1년 동안 함께 근무한 직원이 있었다. 부모님이 이혼한 후 어머니가 재혼하면서 이제는 혼자 살아야 했다. 의지할 사람이 없어서 가끔 나를 찾아와 상담하곤 했다.

하지만 오래 근무할 줄 알았는데 갑자기 결혼해서 대구로 내려간다고 하면서 직장을 그만두고 떠났다. 그렇게 잘살고 있는 줄 알았는데, 2018년 하반기에 나를 찾아왔다. 무슨 일이 있었는지 남자 친구와 헤어지고 전 재산 700만 원만 남아 있다고 울면서 이야기했다.

"이제 제가 무엇을 할 수 있을까요. 더 이상 희망이 없어요. 죽고 싶어요." 죽고 싶다는 말에 최대한 용기를 주면서 지금 현재 본인이 할 수 있는 일이 무엇인지 생각해보라고 했다.

나도 같이 고민했다. 그 직원의 월급은 250만 원, 아르바이트로 60만 원, 총수입 310만 원이었다.

나는 지금 비트코인의 가격이 바닥에 가깝다고 말하면서, 총수입 310만 원 중에서 160만 원을 생활비로 쓰고 150만 원을 투자할 수 있냐고 물어보았다. 대출은 하지 말라고 미리 이야기했다.

28살 여자, 전 재산 700만 원, 건강한 신체, 치위생사 자격증, 바리스타 자격증. 아직 젊지만 너무 위험한 투자는 금물이다. 코인 투자를 해본 사람들은 알지만 코인 중에 가장 안전한 투자는 비트코인 투자이다. 하지만 변동성을 감당하기에는 아직 경험이 미숙했다.

'어떻게 조언을 해야 할까? 인생의 바닥에서 나를 믿고 찾아온 힘든 영혼에게 난 무엇을 해줄 수 있을까?' 그래서 가장 안전하고 확실한 적립식 투자를 권했다. 정기 적금도 생각해보았지만 수익률이 너무 작고 시간이 너무 촉박했다.

일단 가지고 있는 700만 원 전부 비트코인을 구매하고 한 달에 150만 원씩 적립식으로 투자하기로 했다. 당연히 처음에는 수익률이 마이너스였지만, 수익률이 플러스가 되자 매달 매수하는 금액을 200만 원으로 올리겠다고 이야기했다.

난 적극 동의했다. 정말 대단한 것은 월급날마다 매달 빠짐없이 투자를 이어나가는 태도였다. 2021년 11월까지 매월 습관적으로 비트코인을 구매했다.

난 2021년 11월에 모든 코인을 현금화했다. 투자를 같이 진행했던 그 직원도 모두 매도했다. 투자 결과는 정말 놀라웠다. 500만 원이던 비트코인이 8,500만 원으로 상승했다.

적립식 투자금 5,000만 원은 매도 시 2억 5,000만 원이 되었다. 대단한 결과였다. 역시 적립식 투자는 옳았다. 물론 상승하는 자산만 적립식 투자가 의미 있다는 것도 알게 되었다.

그 직원은 투자를 계속하려고 했지만 나는 2022년 1년 동안 아무것도 하지 말라고 당부했다. 금리 인상은 모든 자산의 하락을 의미하니까.

우리는 2023년 다시 투자를 시작했다. 하지만 지금의 투자는 처음과는 매우 달랐다. 이번에는 1년 동안 2억 4,000만 원을 12등분해서 한 달에 2,000만 원씩 투자하기로 했다. 매월 1일, 우리는 12월까지 2억 4,000만 원을 모두 투자하고 나머지는 대기업 코인에 투자했다. 남은 1,000만 원과 월급의 일부는 알트코인에 투자했다.

지금은 얼마가 되었을까? 2023년 12월 말 현재 계좌에 5억 원이라는 숫자를 보게 되었다. 정말 뭐라고 설명할 수 없는 결과였다. 이게 된다고?

결혼을 약속한 남자와 파혼하고 전 재산 700만 원으로 시작한 성공 스토리는 아직도 진행 중이다.

비트코인이 가져다준
인생의 변화
- 호필

2019년 추운 겨울 어느 날 투자 실패를 받아들이고 처음부터 다시 시작해보자는 결심과 함께 심리적인 변화가 찾아왔다.

모든 걸 내려놓자 무거웠던 짐이 사라지고, 막혀 있던 가슴이 시원하게 뚫린 기분이 들었다.

하지만 막상 무엇부터 해야 할지 알지 못했다.

경제 공부를 하려고 책을 찾아보던 중 우연히 독서모임을 알게 되었고, 이 독서모임은 비트코인 투자에 큰 도움을 주었다.

다양한 장르의 책을 읽고 서평을 쓰고 토론하면서 다양한 정보를 알게 되었고, 철학적 사고를 접할 수 있었다.

심리학 책을 통해서는 비트코인 투자를 할 때 발생하는 심리에 대해 이해할 수 있었고, 심리적인 변화가 발생하면 책 속의 내용을 바탕으로 대응할 수 있었다.

본격적인 자기계발을 시작하는 동안 비트코인 반등이 시작되었다.

360만 원이었던 비트코인이 1,600만 원까지 상승했다.

이더리움도 9만 원에서 반등을 시작했다.

하지만 이번에도 최악의 선택을 했다.

회사에서 받은 성과금으로 이더리움과 당시 유행했던 거래소 코인 중 무엇에 투자할까 고민하다 거래소 코인에 투자했다.

하지만 투자했던 거래소가 문을 닫게 되면서 투자했던 돈을 전부 날리게 되었다. 이더리움은 9만 원에서 44만 원까지 상승했다.

상승하고 있는 코인들을 보면서 하락장과 다른 심리적 고통이 찾아왔다. 잘못된 판단을 했던 나 자신을 원망하는 동시에 자신감은 바닥으로 떨어졌다.

하락할 때는 다 같이 하락하고 있다는 생각으로 조금이나마 위안이 되는데, 상승했을 때에는 나만 버려진 기분이 들었다.

상대적인 박탈감이 찾아오면서 하락 때보다 심리적으로 더 흔들리는 시기가 찾아왔다. 흔들리는 마음을 다시 잡아보기 위해 자기계발과 독서모임에 더 열심히 참여했다.

하지만 흔들리는 마음은 쉽게 붙잡히지 않았다.

그럼에도 포기하지 않고 하루하루 한 걸음씩 나아갔다.

1년, 2년… 5년이 지난 지금, 비트코인 덕분에 이제는 자기계발과 독서가 습관으로 자리 잡게 되었다.

비트코인 때문에 모든 돈을 날렸지만, 돈을 주고도 살 수 없는 인생의 가장 값진 경험을 하게 되었다. 그리고 새로운 인생이 시작되는 큰 전환점을 맞이하게 되었다.

독서모임에서 알게 된 지인들과 친구들은 가끔 나에게 묻는다.

"어떻게 그렇게 열심히 사세요?"

그럴 때마다 항상 똑같은 대답을 한다.

"간절함으로 시작한 것이 이제는 습관으로 자리 잡았습니다."

두 번의 실수는 없다

– 호필

2022년 11월 어느 날, 2021년 상승장이 끝나고 정확히 1년이 지난 시점이었다.

단기 매매를 위한 비트코인 매수를 제외하고는 본격적인 투자를 아직 시작하지 않았다. 하지만 타이밍이 온 것 같았다.

우리나라에서는 레고랜드 사태* 이후로 심각한 유동성 위기를 막으려고 한국은행에서 유동성 공급 대책을 발표하는 등 경제상황은 최악으로 치달았다.

암호화폐에서도 2위 거래소였던 FTX거래소 FTT코인의 가격 폭락과 함께 뱅크런이 시작되었다.

바이낸스 CEO인 창 펑 자오가 인수를 추진하려 했으나 철회한다고 밝히면서 본격적인 파산이 시작되었다.

• 레고랜드 사태

레고랜드 코리아 건설을 위한 특수목적법인으로 강원중도개발공사가 설립한 아이원제일차가 발행한 자산유동화기업어음(ABCP)을 강원도청이 보증했는데, 김진태 도지사의 강원도에서 강원중도개발공사 회생 계획을 밝히자 상환 여력이 없는 아이원제일차가 부도 처리되면서 발생한 경제 위기 비트코인이 빠르게 하락해 1만 6,000달러가 깨졌다. 매수해야 하는 것을 알지만 더 떨어질 것 같았다. 시장의 여러 악재로 인한 공포감 때문이기도 하지만, 지난 두 번의 사이클에서 고점 대비 85% 하락했는데, 이번에는 77% 정도밖에 하락하지 않았기 때문이다.

시장 대부분의 의견은 잠깐 반등하더라도 결국에는 1만 달러까지 하락할 것이라고 이야기했다. 하지만 최고점에서 1년간 하락했기 때문에 용기를 내어 분할로 매수를 시작했다.

25%를 매수했지만, 더 떨어지기를 기도했다.

하지만 시장은 하락을 멈추고 서서히 올라갔다 하락을 반복했다.

그렇게 2023년 새해가 시작되었다.

미국의 달러 기준 비트코인은 큰 가격의 변동이 없는데, 우리나라의 가격은 계속해서 하락했다. 이유는 바로 1,450원 근처까지 올랐던 우리나라의 환율이 1,300원 아래까지 떨어지면서 급락했기 때문이었다.

환율이 급격히 떨어지면서 비트코인 가격에 직접적인 영향을 주는 것은 처음이었다.

그러는 사이 비트코인이 급등하기 시작해 2만 달러를 돌파했다.

4년 전에 비트코인이 최저점을 찍고 반등하는 것을 지켜보았을 때의 힘든 기억이 떠올랐다.

하지만 추격매수를 하는 것은 쉽지 않았다. 같은 실수를 반복하지 않기 위해 용기를 내어 25%를 추가로 매수했다.

투자자들 사이에서는 여전히 1만 달러를 지켜보겠다는 사람들과 상승이 시작되었다는 의견들이 팽팽하게 나뉘고 있었다.

3월이 되자 이번에는 미국의 은행들이 파산하기 시작했다는 뉴스들이 나오기 시작했다. 비트코인은 처음에는 떨어졌지만 급등하기 시작했다. 급등하면서 비트코인은 연초 최저점 대비 2배 상승했다.

다시 욕심이 생겼다.

투자금이 적기 때문에 비트코인 개수 늘리기를 해야 할 것 같아 일부를 팔았다. 하지만 기다리는 게 너무 힘들었다. 욕심을 부리면 안 된다는 생각과 후회가 들면서 비슷한 가격에 다시 매수했다.

몇 주 뒤, 이번에는 SEC에서 바이낸스 기소와 코인베이스 기소 뉴스가 보도되었다.

'더 기다릴걸.' 또다시 욕심과 뒤늦은 후회가 밀려왔지만 정신을 차려야 했다.

'지금은 후회할 때가 아니라 매수할 타이밍이야.'

마음속으로 계속 외치면서 추가로 비트코인을 매수했다.

며칠 뒤 블랙록에서 비트코인 현물 ETF 신청과 함께 다시 상승을 시작했다.

4년 전, 지옥 같은 시간이었던 것과 달리 편안한 투자가 계속되고 있다. 물론 가끔 심리적으로 흔들리기도 했지만 지금은 너무 편안하게 투자하고 있다.

편안하게 투자할 수 있었던 이유는 운도 크게 작용했지만 저점이 올 때마다 매수하면서 비트코인을 조금씩 모아갔기 때문이다. 하지만 말이 쉽지 저점에서 상승 중인 비트코인을 매수하기 위해서는 정말 많은 용기가 필요하다.

지난 7년간 비트코인에 투자했지만 처음으로 제대로 투자하고 있는 것 같다. '역시 비트코인의 가장 좋은 투자 방법은 모아가는 것이다'라고 다시 한번 생각해본다.

14

비트코인 여름 1
열기와 함께 찾아오는
태풍과 장마

비트코인 여름 기간은 비트코인 반감기 이후부터 비트코인이 최고점을 돌파하는 7개월 정도의 기간으로, 사계절 중 가장 짧은 시기이다.

비트코인 여름의 특징을 한마디로 정리하면 꾸준한 상승 속 10% 이상의 조정이 자주 발생한다는 것이다.

꽃샘추위가 지나가고 날씨가 점점 따뜻해지더니 어느 순간 무더위가 찾아오면서 농작물들은 매우 빠르게 성장한다.

비트코인 여름도 마찬가지로 따뜻한 날씨가 찾아오면서 비트코인의 상승이 시작된다.

하지만 여름 구간에는 장마와 홍수가 발생하듯이 비트코인에도 큰 변동성이 찾아오기도 한다.

비트코인의 반감기 전후에 큰 조정이 발생한다. 이때가 비트코인의 본격직인 상승 이후 마지막으로 저렴하게 비트코인을 매수할 수 있는 좋은 기회다.

반감기 전후 조정이 있은 후 비트코인은 본격적인 상승을 시작하지만, 비트코인이 빠르게 상승하는 만큼 조정도 자주 발생한다.

하지만 겨울과 봄에 비해 조정 기간이 짧고 빠르게 반등하기 때문에 하락이 상대적으로 큰 심리적인 충격으로 다가오지 않는다. 오히려 비트코인을 매수하지 못하는 투자자들에게는 추가적으로 매수할 기회이며, 이미 투자를 충분히 진행했다면 가만히 지켜보는 게 가장 좋은 방법이다.

그러나 사람의 욕심은 끝이 없듯이 이번에도 조정이 발생하기 전 고점에서 팔고, 저점에서 다시 매수하는 방법으로 비트코인 개수를 늘리기 위한 매매가 우리를 유혹한다.

15

비트코인 여름 2
비트코인의 마지막
바겐세일

2017년, 2021년 상승장을 통해 비트코인에 대한 관심이 높아지면서 과거보다 비트코인에 대한 투자자들의 지식이 높아지고 있다. 그로 인해 비트코인의 반감기 이후에 상승한다는 인식이 투자자들에게 널리 퍼져 있다.

반감기 이후에 비트코인의 가격이 본격적으로 상승한다는 의견에 필자도 동의한다. 하지만 과거의 사이클에서 확인해볼 수 있듯이, 본격적으로 상승하기 전에 비트코인이 반감기 전후로 큰 폭의 하락이 발생했다는 점을 확인할 수 있다.

첫 번째 사이클 반감기가 있었던 2016년에는 직전 고점 대비 40%

하락이 발생했고, 두 번째 사이클 반감기가 있었던 2022년에는 코로나 팬데믹으로 인해 직전 고점 대비 60%의 매우 큰 하락이 발생했다.

반감기 전후에 발생한 하락은 투자자들에게 가장 힘든 순간이 될 수 있다. 하락의 폭이 깊기 때문이기도 하지만, 비트코인이 이제는 하락에서 벗어나 본격적으로 상승할 것이라는 희망 속에서 큰 하락이 발생하면서 모든 희망이 사라지는 느낌을 받게 되기 때문이다.

필자의 경우 2020년에 비트코인이 3,000달러에서 1만 3,000달러까지 큰 상승 이후 6,500달러까지 50%의 조정을 거쳐 다시 1만 달러를 돌파하며 반등하고 있는 상황에서 이제는 최고점인 2만 달러를 돌파할 것이라는 큰 희망으로 가득 차 있었다.

하지만 이후 코로나 팬데믹으로 인하여 4,000달러 이하로 급격하게 하락하면서 모든 희망이 사라지고, 정말로 암호화폐 시장이 이대로 끝날 것만 같은 기분이 들기도 했다.

코로나라는 특수한 상황이라는 점을 감안했을 때 이번 세 번째 사이클에서 비트코인 반감기 전후로 50% 이상의 큰 조정 가능성은 작지만 20~30% 하락 가능성은 충분히 열려 있다고 생각했다.

과거의 사이클과 마찬가지로 큰 하락이 발생하게 되면, 필자와 마찬가지로 투자자 대부분은 매우 큰 공포감과 함께 패닉에 빠질 가능성이 크다. 하지만 비트코인의 본격적인 상승 전에 우리에게 주어진 마지막 기회라고 생각해야 한다.

이번의 하락은 비트코인 겨울이나 봄과 달리 몇 달 동안 길게 지속하기보다는 1~2개월 안에 반등이 시작되고 빠르게 회복하는 특징이 있다. 그러다 보니 공포감이 우리의 심리를 지배하고 있는 사이 비트코인은 빠르게 반등하면서 매수 타이밍을 놓칠 가능성이 크다.

반감기 전후에 매수해야 하는 또 다른 이유는 본격적인 상승장 전에 자신감을 회복해야 하기 때문이다.

겨울이라는 긴 하락과 봄 기간의 상승과 하락의 반복을 통해 많은 투자자가 심리적으로 지쳐 있고, 자신감을 잃은 상태이다.

자신감이 바닥으로 떨어지다 보니 머릿속으로는 매수해야 하는 상황이라는 것을 알고 있음에도 불구하고 몸이 움직이지 않는다.

비트코인 가을 기간에는 이러한 사이클이 하루 동안에 발생하기도 하기 때문에 심리를 극복하지 못한다면 상승장에서도 똑같은 실수를 반복할 확률이 높아지게 되고, 수익률은 떨어지게 된다.

자신감 회복은 본격적인 상승장 전에 우리가 가장 우선적으로 해결해야 할 숙제이다.

16

비트코인 여름 3
미국 대선과 비트코인의
새로운 고점

비트코인이 반감기 이후 본격적으로 상승하기 전에 전 세계가 주목하는 미국의 대통령선거가 있었다.

비트코인의 경우 미국 대통령선거 직전에 큰 상승 없이 잔잔한 흐름이 지속했다. 이후 대통령선거가 마무리되고 12월이 되어서야 비트코인의 급격한 상승이 시작되었다.

미국의 대선 이후 비트코인이 상승한 이유는 금융시장이 가장 싫어하는 불확실성의 요소가 크기 때문이다. 또한 새로운 대통령의 임기가 시작되고 재정정책이 확대되면 자산시장에 긍정적인 요인으로 작용하면서 암호화폐 시장도 긍정적인 흐름을 이어가게 된다.

이러한 긍정적인 부분과 함께 비트코인은 최고점 돌파를 눈앞에 두고 여러 차례 돌파를 시도했다. 넘을 듯 넘지 못하는 상황이 이어지면서 3년 만에 비트코인의 새로운 고점이 형성되었다.

　이렇게 새로운 고점과 함께 비트코인 여름이 지나가고 본격적인 수확의 시기인 가을이 찾아오게 된다.

17

비트코인 여름 4
가만히 지켜보는 게 수익률을 극대화하는 방법이다

비트코인 반감기 이후 조정이 지나고 나면 비트코인은 꾸준히 우상향하게 된다. 계절적으로 여름에 태풍이나 장마가 발생하듯이 비트코인에도 짧은 조정들 또한 자주 발생한다.

아직까지 현금 비중이 높거나, 새로운 투자금이 생겼을 경우 이러한 조정 타이밍에 꾸준히 매수하는 전략은 비트코인이 최고점을 돌파하기 직전까지 좋은 전략이 될 것이다.

이미 충분히 투자를 마친 투자자들은 상승하고 있는 비트코인의 가격을 보면서 즐기면 된다. 하지만 앞서 이야기한 것처럼 사람의 욕심은 끝이 없어 단기 매매로 비트코인의 개수를 늘리고 싶은 욕망이 생기기도 한다.

하지만 이미 비트코인의 봄을 경험해본 투자자들이라면 이미 이러한 욕망의 끝은 비트코인의 개수가 줄어드는 결과를 가져온다는 사실을 알고 있을 것이다.

한 번 투자가 잘못된 경우 저점에서 팔고, 고점에서 사게 되면서 그동안 투자했던 것이 한순간에 물거품이 되기도 한다. 그렇기 때문에 이미 투자 목표를 달성한 투자자들이라면 아무것도 하지 않는 것을 추천한다.

만약 욕망에 못 이겨 단기적인 매매했는데, 실패했다면 본인의 실수를 인정하고 손실을 보더라도 빠르게 매수한 후에 기다리는 것을 추천한다.

분할로 매달, 매주 투자하는 투자자들은 비트코인이 최고점을 돌파하기 전까지는 2배 정도의 수익률이 기대되기 때문에, 비트코인의 최고점이 돌파되기 전까지는 계속해서 매수하는 것을 추천한다.

지금까지 투자를 잘해왔던 투자자들에게는 여름 기간부터 축제가 시작될 것이다. 그러나 투자자 대부분의 경우 비트코인보다는 알트코인에 투자하기 때문에 상승이 체감되지는 않을 것이다. 그렇다고 해서 실망할 필요는 없다. 머지않아 모두가 즐길 수 있는 축제가 시작될 것이다.

18

2024년 다양한 변수와
기대감

필자의 경우 연말에 올해 비트코인 이슈들과 투자 상황을 점검해 보고 다음 연도에 주목해서 봐야 할 것들을 정리하는 시간을 갖는다.

2024년의 특징을 살펴보면 비트코인의 사계절 중 봄의 끝자락에 도달하고 여름을 거쳐 가을이 시작되면서 끝날 확률이 높다.

사계절을 바탕으로 2024년을 전망해보면 상반기에는 생각보다 큰 상승이 어려울 것이라고 생각된다.

상반기에 비트코인의 큰 상승을 기대하기 어렵다고 생각하는 이유는 비트코인 현물 ETF의 승인 여부로, 먼저 가능성이 작지만 비트코인 현물 ETF가 거절된다면 큰 하락이 발생할 것이다.

또한 비트코인 현물 ETF가 승인된다고 하더라도 일시적으로 추가 상승이 발생할 수는 있다. 하지만 기관들의 차익실현 매물이 나오면서 비트코인이 무조건 상승보다는 하락의 가능성이 있다고 생각한다.

그 밖에도 시장의 지나친 기준금리 인하에 대한 기대감, 끝나지 않은 전쟁, 미국의 상업용 부동산 등 경기침체 이슈, 각종 선거 등 불확실한 이슈들이 많이 남아 있어 조정의 가능성이 크다고 생각한다.

결국 2024년 4월 말 비트코인의 네 번째 반감기를 앞두고 여러 가지 불확실한 요인으로 인하여 이번에도 과거 반감기 전후로 발생한 20~30%의 조정이 발생할 가능성이 충분하다고 생각한다.

만약 상반기에 비트코인의 조정이 발생하게 된다면 짧은 기간이 아닌 1~2개월의 다소 긴 조정이 발생할 것이다. 그리고 이때가 비트코인이 본격적으로 상승하기 전에 저렴하게 매수할 수 있는 마지막 기회라고 예상하고 있다.

2024년 상반기에 필자의 부정적인 예상과 다르게 비트코인이 불안한 상황에서도 지속적으로 상승할 가능성도 있다. 비트코인 현물 ETF 승인과 함께 ETF 거래가 본격적으로 시작되면서 ETF에 대한 수요가 늘어나게 된다면 하락의 폭이 깊지 않고 빠르게 상승할 가능성도 있다.

그렇기 때문에 비트코인이 하락할 것이라고 예상해서 매도하고, 낮은 가격에서 다시 매수하려는 전략은 비트코인의 개수와 수익률이 줄어드는 지름길이 된다.

2024년 상반기에 대한 관점을 상승할지 하락할지 명확하게 이야기하고 싶지만 비트코인 현물 ETF가 처음 시작되고 어떻게 움직일지 예측하기 힘든 만큼 하락의 관점과 상승의 관점을 모두 열어놓고 대응해야 한다.

　2024년 하반기는 비트코인의 긍정적인 시장이 전망된다. 다만 필자가 주목하고 있는 부분은 지금까지의 4년 주기 사이클과 마찬가지로 미국의 대선이 끝나고 이후에 비트코인이 최고점을 돌파할지에 주목하고 있다. 그 이유는 비트코인 현물 ETF 거래가 시작되고 미국의 증권회사와 은행에서 비트코인의 거래가 시작되면 과거의 사이클보다 빠른 시기에 비트코인이 기존 고점을 돌파할 가능성이 있기 때문이다.

　전반적으로 2024년을 다시 한번 정리해보면 몇 차례의 큰 조정이 발생할 수 있지만, 결국에는 기존 고점인 6만 9,000달러 돌파를 향해 달려가는 시기가 될 것이다. 그리고 비트코인이 최고점을 돌파하기 전까지 꾸준히 매집하는 전략이 지속적으로 유효하다고 생각한다.

수익은 각자의 그릇 크기만큼만

– 팽돌이

왜 사람마다 수익률이 다른 것일까? 같은 비트코인을 투자하고 금액도 비슷한데 수익은 왜 다를까? 모두 단타가 아닌 중장기 투자를 한다고 하는데 이유는 무엇일까? 일단 매수 시가가 다르기 때문이다.

2023년에 다시 코인 투자를 시작했다. 2023년 1월부터 본격적으로 매수하겠다고 마음먹었다.

2023년에는 모든 언론에서 경기침체 또는 경제위기를 이야기했다. 언제 오느냐의 문제이지, 절대로 주식이나 비트코인 같은 투자자산이 오르기에는 힘들어 보였다. 나는 3만 달러부터 비트코인 매집을 시작했다. 손실을 각오하고 매집을 시작한 것이었고, 당연히 손실이었다. 더 하락했다. 2만 5,000달러에 또 매입했다. 2만 달러까지 하락했다. 이번에는 물량을 늘려 매집했다.

언론에서는 비트코인이 1만 달러까지는 떨어질 가능성이 크다고 이야기했다. 심지어 8,000달러까지 하락한다는 의견도 많았다. 주식의 상황도 좋지 않았다. 1만 8,000달러에 또 매집하고 1만 6,000달러에 또 매집했다. 가격이 하락할 때마다 매입했다. 필자는 매집 기간이라고 판단되면 비트코인이 얼마냐에 집중하지 않고 개수에 집착한다.

일단 10개는 매집하기로 마음먹고 분할 매수를 진행했다. 1만 달러가 되면 더 사려고 현금도 남겨 놓았다. 평단은 원화로 2,800만 원에 맞추고 10개 매집을 끝냈다.

투자자들은 최저점에서 사려고 하지만, 그때는 절대 못 산다. 최하단에서 산다는 것은 정말 대단한 인내심이 필요하며, 그런 경우는 거의 없다.

내가 코인을 믿고 사기로 결정했다면 어느 정도 가격부터 매집을 시작해야 한다. 때로는 과감한 결정이 필요할 때도 있다.

멘토님께서 채굴 관련 주식을 추천했을 때 그날 1억 원을 투자했다. 하지만 꿀잠을 잤다. 비트코인이 반드시 오른다는 확신이 있었기 때문이다. 심지어 최근에 위믹스 코인* 1억 원을 매집했다. 어떻게 알트코인에 그렇게 큰 금액을 투자할 수 있냐고 묻는 분도 있다. 하지만 확신이 있고 정보가 있고 코인을 믿는다면 괜찮다.

1억 원을 투자해서 1억 원의 수익을 안겨 주었다. 매도해야 하는 것 아니냐고? 아니, 더 끌고 갈 생각이다. 아직 상승장은 시작도

• **위믹스 코인**
위메이드 트리가 개발한 블록체인 기반 게임 생태계 플랫폼으로 지갑(위믹스 월렛), NFT 마켓 플레이스, 게임 아이템 거래소 등을 주요 서비스로 제공한다. 위믹스 코인(WEMIX)은 이런 생태계에서 활용되는 유틸리티 토큰으로 위메이드가 자체 발행한 암호화폐

하지 않았다. 2023년 12월 말, 알트장의 상승은 시작되지도 않았다. 어떻게 판단하냐고? 도미넌스*, 반감기, 이더리움의 상승 등 필자가 참고하는 지표는 아직 매도는 아니라고 말하고 있었다.

> **• 도미넌스**
> 전체 암호화폐 시장에서 비트코인이 차지하고 있는 비중을 의미

같은 비트코인에 투자하더라고 어떻게 매수하고 매도하느냐에 따라 수익은 정말 차이가 크다.

어떤 사람은 10% 수익에 벌벌 떨고 매도하려고 하지만, 경험 많은 투자자는 수익이 극대화할 때까지 끌고 갈 줄 안다. 우리는 최대한 지표를 활용해서 끝까지 수익을 창출해야 한다.

코로나의 충격과
스승님과의 만남
– 호필

2019년 12월 연말, 건강하셨던 아버지가 세상을 떠나셨다.

곧이어 일주일 뒤 할아버지도 아버지 곁으로 떠나셨다.

2019년이 최악으로 끝났고, 2020년은 최악으로 시작했다.

주변에 걱정된 시선이 많았으나, 생각보다 너무 멀쩡한 내가 무서웠다. 오히려 더 열심히 독서와 자기계발을 하고, 회사를 다니면서 틈틈이 비트코인과 경제 공부를 했다.

하지만 이러한 모든 희망이 꺼져가는 사건이 찾아왔다.

전 세계에 커다란 충격을 가져다준 코로나19의 발생과 함께 모든 자산이 폭락했다.

당시만 해도 경제에 대한 지식이 충분하지 않아 상황의 심각성을 알아채지 못했고, 비트코인의 폭락을 대비하지 못했다.

실시간으로 폭락하는 모습이 마치 계곡에서 폭포가 떨어지는 것을 보는 것만 같았다.

어느 정도 떨어졌다고 생각했을 때 얼마 되지는 않았지만 그동안 모았던 돈으로 비트코인을 매수했다.

하지만 비트코인은 끝없이 계속 추락했다.

멘털은 진작에 가출한 상황이고, 떨어지는 것을 바라만 보았다.

'진짜 모든 게 끝난 건가?'

모든 것을 포기한 시점에 자산시장이 기가 막히게 반등을 시작했다. 이번에는 너무 빨리 올라 혼란스러웠다.

'나름 열심히 공부했다고 생각했는데….'

이 현상을 이해할 수가 없었다. 그러다 구독하고 있던 비트코인 유튜브 채널의 오프라인 강의 회원 모집이 눈에 띄었다. 무엇에 홀린 듯 신청하고 오프라인 강의를 들으러 갔다.

그것이 스승님과의 첫 만남이었다.

나의 스승님은 《비트코인 1억 간다》, 《월가의 영웅 비트코인을 접수하다》의 저자인 '신의두뇌' 님이다.

그 이후 스승님으로부터 비트코인과 경제의 연관성, 금융에 대해 배우기 시작했다. 스승님의 강의는 신선한 충격이었고, 새로운 세상을 만나는 것 같았다. 신선한 충격과 함께 여기서 포기하면 모든 게 끝이라는 간절함 때문에 더 열심히 공부하고 노력했다.

하지만 얼마 지나지 않아 코로나가 확산하면서 오프라인 모임이 금지되었고, 1년 뒤 상승장이 끝나는 시점에서야 스승님과 다시 만날 수 있었다. 짧은 만남이었지만 스승님의 가르침 덕분에 비트코인과 경제의 관련성, 투자자로의 자세, 경제적 지식 등 짧은 시간에 많이 성장할 수 있었다.

코로나로 인하여 전 세계가 위기에 빠져 있을 때 나 역시 인생에서 가장 최악의 순간을 맞이했다. 가족을 잃은 슬픔, 투자의 실패로 희망이 없었다. 그럼에도 불구하고 포기하지 않았다. 오히려 이러한 간절하고 절실한 마음 때문에 빠르게 성장할 수 있었다.

우리의 삶에서 가장 큰 교훈은 최악의 실패로부터 얻는다고 한다. 2018년 하락장, 2019년 가족을 잃는 슬픔, 2020년 코로나19라는 지옥 같았던 순간들에서 얻은 큰 교훈은 투자에서 실패해도 다시 시작할 수 있다는 용기를 얻게 된 것이다.

이제는 이런 용기를 많은 사람과 나누고 싶다.

스승님께 도움받은 것 이상으로 선한 영향력을 나누겠다고 오늘도 다짐해본다.

상승장인데
변함없는 계좌
- 호필

2020년 여름, 코로나에 대한 공포감은 여전하지만 비트코인은 계속해서 상승하고 있었다.

정신을 차려 보니 순식간에 코로나 하락 전 가격을 회복했다.

주식시장도 빠르게 반등했다.

시장의 분위기는 여기서 다시 하락한다는 의견과 계속 더 상승할 것이라는 논쟁이 계속되고 있었다.

시장이 계속 상승하자, 이제는 모든 사람이 투자를 시작하면서 열풍이 불기 시작했다.

비트코인도 상승하더니 어느덧 기존 고점인 2만 달러 돌파를 시도하고 있었다.

하지만 2만 달러를 돌파하는 것은 쉽지 않았다.

여러 번의 도전 끝에 드디어 2만 달러를 돌파했다.

역사적인 순간을 실시간으로 보면서 저절로 박수가 나왔다.

비트코인이 2만 달러를 돌파하면서 흥분되었지만, 마음 한편에서는 씁쓸한 마음이 공존했다.

비트코인이 최고점을 갱신하면서 비트코인 위주로 투자했던 모든 사람이 돈을 벌었다.

그러나 나는 ICO에 자금 대부분을 투자했고, 비트코인은 소액밖에 없었기 때문에 투자 원금을 회복하기에는 턱없이 부족했다.

'그냥 비트코인만 가지고 있을걸. 그랬다면 최소 본전은 했을 텐데….'

과거의 내가 원망스러웠다.

비트코인에 최소 50% 이상을 투자하고 있어야 한다는 오래된 투자자들의 조언을 그제야 알게 되었다.

이러한 후회 속에 각종 암호화폐 커뮤니티를 돌아다녀 보았다.

놀랍게도 커뮤니티의 투자자들 대부분이 나와 비슷한 기분을 느끼고 있다는 사실을 알게 되었다.

'왜 비트코인만 오르나요?', '제 코인은 언제 상승하나요?', '지금이라도 비트코인으로 갈아타야 하나요?'

재미있게도 이러한 글들이 많아질수록 비트코인만 더 상승했다.

시간이 흘러 지금 그때 기억을 떠올려 보면 알트코인의 최저점 시기였던 것 같다.

모두가 알트코인을 외면했을 때 알트코인이 상승한다는 사실이

흥미롭다. 지금도 가끔 커뮤니티를 확인해보면 대부분 알트코인 이야기밖에 없다.

투자금이 낮기 때문에 100배 상승할 코인을 찾아 한 방에 인생역전을 꿈꾸는 심리는 충분히 이해가 된다.

하지만 이런 알트코인은 극소수에 불과하기 때문에 선정하기가 매우 어렵다. 그리고 선정했다고 하더라도 상승까지 엄청난 인내의 시간이 필요하다는 사실을 망각한다.

이러한 후회를 최소화하기 위해서 4년이 지난 지금은 비트코인 위주로 투자하고 있다. 물론 투자금의 1~2% 정도로 몇 개의 알트코인에 나누어 보유하고 있지만 소액이기 때문에 신경 쓰지 않는다.

4년 전과 다르게 너무 편안하게 하고 있는 지금, 가끔 너무 편하게 투자하고 있는 것이 믿기지 않는다.

무엇이 달라졌을까?

4년 전과 비교했을 때 여러 가지가 달라졌지만 가장 큰 변화는 알트코인에 집착했던 과거와 달리 현재는 비트코인 위주로 투자하고 있다는 점이다.

19

비트코인 가을 1
수확의 시기

비트코인 가을 기간은 비트코인이 최고점을 돌파하는 기간부터 알트코인의 대세 상승장까지 구간으로 11개월 동안 유지되면서 4년 주기의 한 사이클이 마무리된다.

비트코인 가을의 특징은 한마디로 비트코인과 알트코인들의 엄청난 상승이 발생하면서 암호화폐의 황금기가 찾아온다고 정리해볼 수 있다.

여름의 장마와 태풍을 견디고 수확의 계절 가을이 찾아온다. 비트코인에도 본격적인 수확의 계절이 찾아온다.

각종 언론과 SNS에는 암호화폐에 대한 이야기들이 쏟아지면서,

떠나갔던 투자들이 돌아오고, 신규 투자들이 새롭게 암호화폐 시장에 진입하게 된다.

암호화폐 시장도 이를 환영하듯이 비트코인은 끝없이 상승하면서 새로운 고점을 연일 갱신한다. 비트코인이 빠르게 상승하고 횡보하는 사이, 이번에는 알트코인의 본격적인 상승장이 시작한다.

암호화폐가 엄청난 붐을 일으키면서 대부분의 투자자가 수익을 얻게 된다. 그렇게 장밋빛 미래를 꿈꾸는 사이 이번에는 암호화폐의 여러 가지 악재 소식이 들려온다.

그러나 이미 암호화폐 시장은 투기로 가득 차 있기 때문에 이러한 악재들은 무시되면서 지속적으로 상승한다.

그렇게 모두가 즐기는 사이 비트코인의 엄청난 폭락이 발생하면서 영원할 것 같은 상승장이 끝나게 된다.

20

비트코인 가을 2
비트코인의 새로운
고점을 찾아서

비트코인이 여러 번의 시도 끝에 최고점을 돌파하는 순간부터 비트코인의 상승 속도는 점점 빨라진다. 상승 속도가 점점 빨라지는 이유는 최고점을 돌파하면서 비트코인 투자에서 손실을 본 사람들이 없고, 연일 뉴스와 언론에서 비트코인에 대한 소식이 쏟아지면서 새로운 신규 투자자들이 유입되기 때문이다.

이러한 긍정적인 신호 속에서 가장 조심해야 할 부분은 섣부르게 매도해서는 안 된다는 점이다.

필자의 경우 비트코인이 고점을 돌파한 이후 어느 정도 상승했을 때 섣부르게 조정을 예상하고 비트코인을 전부 매도했다.

하지만 필자가 예상한 조정은 일어나지 않았고, 비트코인은 계속 상승했다. 연일 상승하는 비트코인을 보면서 그동안 투자에 쏟았던 모든 노력이 한순간에 물거품이 되는 기분이 들었고, 지난 3년간 고생했던 순간들이 부정되는 것만 같았다.

그럼에도 그동안의 투자 경험 덕분에 조정이 올 때까지 포기하지 않고 끝까지 기다릴 수 있었으며, 30%의 조정이 왔을 때 다시 매수할 수 있었다.

필자의 경험을 통해서 두 가지 교훈을 얻을 수 있다. 비트코인이 최고점을 돌파하면 우리의 생각보다 빠르고 큰 상승이 발생한다는 점이다. 하락이 발생했을 경우 우리의 생각보다 더 크게 하락하는 경향이 있는데, 상승할 경우에도 우리의 예상보다 더 큰 상승을 가져온다는 점이다.

또 다른 교훈은 비트코인이 빠르게 상승하는 만큼 큰 폭의 조정도 발생한다는 점이다. 투자 경험이 없거나 처음 투자하는 투자자들의 경우 이러한 큰 조정이 발생하게 되면 대부분 공포를 못 이기고 매도하는 경우가 많다. 그렇게 매도하고 나면 비트코인은 또다시 새로운 고점을 형성하면서 계속 상승하고, 뒤늦게 매수하면 다시 하락하는 패턴을 반복하면서 투자자들의 심리를 뒤흔든다.

잘못된 판단과 실수로 내가 사면 떨어지고 내가 팔면 상승하는 경험을 하게 될 것이다. 여러분은 부디 필자와 같은 실수를 하지 않았으면 한다.

21

비트코인 가을 3

분할 매도로 시작되는
비트코인의 첫 수확

앞서 비트코인이 최고점을 갱신했을 때 섣부르게 매도하지 말라는 점을 강조했다. 그렇다면 언제 매도해야 할지 궁금할 것이다.

비트코인을 매수할 때 분할로 꾸준히 매입하는 것을 강조했다. 매도의 경우도 마찬가지로 꾸준히 매도하는 습관이 필요하다.

본격적으로 분할 매도를 시행하기 전에 비트코인의 매도가격부터 정해야 한다. 개인이 목표하는 금액에 따라 다르겠지만 목표가격을 설정할 때 필자가 추천하는 방법은 비트코인이 최고로 상승했을 때 가격과 가장 적게 올랐을 때 가격을 먼저 선정하는 것이다.

이러한 목표가 선정되었으면 중간에 미리 분할로 매도 주문을 예약해야 한다. 미리 예약 매도를 설정하는 이유는 막상 비트코인이 올라갈 경우 더 상승할 것 같아 매도하지 못하는 경우가 발생하기 때문이다.

예를 들어 설명해보면 필자의 경우 세 번째 비트코인 사이클에서 비트코인의 목표가격을 1억~3억 원으로 설정했다. 그리고 1억 원부터 3억 원까지 1,000만 원 단위로 4%씩 매도를 걸어 놓는다.

만약 비트코인이 필자가 희망하는 3억 원까지 도달하게 되면 전체 투자금의 80%가 매도되고 20%가 남게 된다. 남은 20%는 이미 충분한 수익률을 얻었기 때문에 다음 상승장까지 남겨 놓거나 하락이 시작된다고 판단했을 때 매도해도 충분한 수익률을 얻을 수 있다.

그러나 예상치보다 적은 1억 5,000만 원까지밖에 상승하지 못하고 이후 하락이 시작되었다고 판단된다면 미련 없이 매도해야 한다.

보통 상승장이 끝나고 본격적인 하락이 시작되고 나면 30~40% 이상의 급격한 하락 이후 빠른 반등이 항상 발생한다. 이 반등 타이밍에 매도할 경우 수익률에 대한 아쉬움은 남게 되지만, 적어도 손실에 대한 리스크를 최소화할 수 있다는 장점이 있다.

비트코인 매도의 또 다른 방법은 알트코인의 투자금이 필요한 시기에 분할로 매도하는 것이다.

비트코인이 충분히 상승하고 난 뒤에 알트코인들이 하나둘씩 엄청난 상승이 시작되면서 알트코인의 본격적인 상승장이 시작된다.

그동안 참았던 알트코인에 대한 본격적인 투자를 해야 할 시기다.

이때 알트코인에 투자할 투자금이 필요하게 되는데, 비트코인에 투자했던 투자금을 일부 매도해 알트코인의 투자금을 마련하는 방법을 추천한다.

이미 비트코인을 분할로 꾸준히 매수했다면 비트코인에서 수익이 발생했기 때문에 비트코인의 수익을 실현하는 동시에 알트코인의 투자금을 마련하는 일석이조의 효과를 얻을 수 있다.

7년간의 투자를 통해
얻은 교훈
– 팽돌이

천국과 지옥을 오가는 투자를 7년 동안 이어왔다. 코인 시장은 24시간 열려 있으므로 주식으로 따지면 20년쯤 투자한 기분이다. 많이 힘들었고 후회도 했었다.

오늘 잘한 투자가 내일은 망해 있고, 오늘 차 한 대가 생겼다가 내일 차 한 대가 없어지고. 정말 변동성이 극대화된 초기 시장에서 살아남는다는 것은 정말 힘들었다.

내가 대단해서 참아낸 것이 아니다. 참고 인내하지 않으면 안 되기 때문에 버텨낸 것이다. 내가 잘나고 똑똑해서가 아니라, 살아남기 위해 버티다 보니 운 좋게 살아남았다고 해야 할까? 운도 좋았다.

다행히 잡코인에 물을 타지 않고 이더리움에 물을 탄 것이 성공의 비결이었다. 그 과정을 알고 다시 하라고 하면 못 할 것 같다.

과거의 어느 순간으로 돌아가라고 한다면 다시는 공부를 하고 싶지 않기에 대학 졸업 후 27살을 선택할 것이다.

끔찍했던 하락장은 알고는 다시 못 버틸 것 같다. 그 순간들을 떠올려보면 앱을 지우기도 했고, 높은 곳에서 아래를 보면 바닥이 포근해 보이면서 뛰어내려도 아프지 않을 것 같은, 이성이 마비된 사고도 해보았다.

투자는 정말 어렵고도 쉬운 것이다. 그래도 살아남은 경험이 있었기에 2022년은 하락장이라는 것을 알았다. 미국이 금리 인상을 시작하면 시중에 유동성이 줄어들기에 투자 시장은 하락할 것이라고 판단했다.

모든 코인을 현금화하고 미국 주식도 현금화하여 정기예금에 투자했다. 대출을 모두 상환하고 빚이 없으니 정말 살 것 같았다. 사회생활을 시작한 이후로 처음으로 빚이 없는 홀가분한 상태가 되었다.

2023년 드디어 비트코인 매집을 시작했다.

2017년부터 투자를 시작해서 정말 산전수전을 다 경험해보니 지금의 변동성은 우습다. 투자를 하면서 계좌에 금액만 늘어난 것이 아니라, 나의 경험도 늘었다. 오히려 계좌보다 실패 경험이 앞으로 투자하는 데 큰 도움이 될 것이다.

코인 투자의 사계절을 알게 된 것과 나만의 매수/매도 방법을 찾은 것이 더 값진 것이 아닐까 생각한다.

지금은 오히려 투자가 편하다. 아무것도 하지 않고 내가 믿을 수 있는 코인을 팔지만 않는다면 수익은 발생하게 된다.

오히려 10배, 100배를 원하고 이상한 코인에 투자만 하지 않는다면 이번 투자에서는 정말 경제적 자유를 얻을 수 있으리라고 확신한다.

상승장에 찾아온
지옥의 순간
– 호필

2020년 12월 미국 대선이 끝나고 비트코인도 2만 달러가 돌파하면서 본격적으로 상승이 시작되었다. 2만 달러를 넘어 2만 2,000달러, 2만 4,000달러까지 상승했다.

조정 없이 비트코인이 상승하는 것을 보면서 한 번의 조정이 올 것이라는 생각과 함께 비트코인을 2만 4,000달러에 매도했다. 하지만 내가 생각했던 조정은 오지 않았다.

2만 6,000달러가 되었다. '이번에는 떨어지겠지' 간절히 기도했다.

떨어지지 않고 계속 상승했다. 미칠 것 같았다.

'지금이라도 사야 할까? 아니야, 이제 조정이 올 때가 되었어.'

그러나 비트코인이 또다시 상승했다. 코로나 때 하락만큼 힘들었다. 그럼에도 다시 한번 멘털을 잡아본다.

2만 8,000달러까지 상승하고 2만 5,000달러까지 소폭의 조정이 왔다. 그러나 더 하락할 거라고 생각하고 매수하지 못했다. 이번에도 기회를 놓쳤다. 3만 달러를 돌파하니 자괴감이 들었다. 그러나 큰 조정을 끝까지 기다려보기로 했다.

3만 5,000달러가 되었다. 지옥 같았다.

상승장에서 지옥 같은 순간을 경험하다니…. 내가 생각해도 어이가 없었다.

이번에 사면 정말 더 큰 후회를 할 것 같아 이 악물고 버텼다.

드디어 하락이 시작되었다. 2만 8,000달러까지 하락했지만 이번에도 쉽게 매수하지 못하고 결국 3만 달러에 매수했다.

결과적으로만 따져보면 2만 4,000달러에 매도했던 비트코인을 25% 비싼 3만 달러에 다시 매수한 결과가 되었다.

3만 달러에 비트코인을 매수하고 얼마 지나지 않아 비트코인은 4만 달러를 돌파했다. 다행이라고 생각하면서 비트코인을 최대한 오래 가져가 보기로 결심했다.

시간이 흘러 2021년 4월이 되었다. 비트코인은 6만 달러를 돌파했다가 조정 후 다시 상승하고 있었다.

코인 시장은 축제 분위기였다. 알트코인에서 10배, 20배 상승하는 코인들이 나오기 시작했다. 2,000만 원 정도 있었던 업비트 계좌가 매일 새로운 고점을 형성했다. 4,000만 원, 6,000만 원…. 어느새 1억 원을 돌파했다.

비트코인이 6만 5,000달러를 찍고 조정을 보이고 있지만 알트코인 시장은 엄청난 상승이 지속되고 있었다. 계좌가 드디어 2억 원을 돌파했다. 조금만 더 상승하면 목표가격이 올 것이다.

하지만 여러 가지 불안한 지표들이 시장에서 나타나기 시작했다. 김프°가 지나치게 높았고 시장이 너무 과열되어 있었다. 머릿속에서는 팔아야 한다고 신호를 보내고 있지만 그동안 고생한 기억이 떠오르면서 매도 버튼을 누를 수 없었다. 오랫동안 주식투자를 경험한 회사 형에게 고민 상담을 했다.

• **김치 프리미엄**

한국을 뜻하는 김치와 할증을 의미하는 프리미엄이 합쳐진 말로 원화로 암호화폐를 살 때와 외국 거래소에서 달러와 혹은 달러화 기반 스테이블코인으로 암호화폐를 살 때의 가격 차이를 말하며, 약칭으로 김프라고 한다. 쉽게 말하자면 김치 프리미엄이란 한국에서 거래되는 가상통화가 해외보다 더 높은 가격에 거래되는 현상을 말한다(출처: BTCC아카데미).

"형, 팔아야 하는 걸 아는데 못 팔겠어요. 어떻게 해야 할까요?"

"그냥 기분 좋은 때 조금씩 팔아."

현실적으로 좋은 조언이었지만 욕심이 이미 지배하고 있는 상황이어서 조언을 듣지 않았다. 그냥 더 상승할 거라는 동의를 얻고 싶었던 것 같다.

하지만 5월이 되어 금융감독원장의 규제 이야기와 중국에서 암호화폐가 전면 금지되면서 엄청난 폭락이 시작되었다. 비트코인도 3만 달러 아래로 하락했고, 엄청난 상승을 보였던 알트코인에서 50% 하락은 기본적으로 발생했다. 더 큰 문제는 김프가 20%까지 있었던 상황이어서 하락의 체감은 더 크게 다가왔다.

코로나 때 힘들었던 것 이상의 지옥 같은 시간이 찾아왔다. 가만히 있으면 미쳐 버릴 것 같아서 탄천을 계속 걸어 다녔다. 나의 욕심에 대한 자책과 함께 지난 4년 동안 고생했던 순간이 다시 시작되는 것 같았다. 또다시 지옥과 같은 경험을 할 자신이 없었다.

막막한 상황에서 이번에도 나를 구원해주신 것은 스승님이었다. 스승님께서는 인플레이션이 일시적이지 않고 계속 상승할 것이라고 시장을 전망했다. 당시 연준 의장이었던 파월이 인플레이션은 일시적이라고 이야기했던 것과 다른 관점이었다.

인플레이션이 계속 높아지는 상황에서 테이퍼링*을 종료하기 전까지 금리 인상을 할 수 없기 때문에 당장의 긴축은 발생하지 않고, 채권 금리의 상승으로 인하여 채권의 헤지 수요로 비트코인이 한 번 더 상승할 것 같다고 이야기해주셨다. 이러한 관점은 정확하게 맞았고, 곧이어 비트코인 선물 ETF**가 출시되어 비트코인이 다시 상승을 시작하면서 지옥 같았던 시간에서 빠져나올 수 있었다.

대부분의 투자자가 상승장에서는 모두 돈을 많이 벌 것이고, 기분 좋은 시간만 있을 것이라고 생각한다. 하지만 상승장의 경우 빠르게 상승하는 만큼 빠르게 하락하면서 엄청난 변동성으로 힘든 시간을 보내야 하

● 테이퍼링

정부가 경기 위기에 대처하기 위해 취했던 완화의 규모를 점진적으로 축소해 나가는 전략

●● 비트코인 선물 ETF

현재 선물시장 가격이 아닌 선물 계약을 통해 비트코인 가격 변동을 모니터링하는 상장지수펀드. 미래에 정해진 가격으로 비트코인을 매수 또는 매도하는 계약이 포함된다 (출처: 블록체인 이야기꾼, https://lsplayq.tistory.com/491).

는 경우도 많고, 손실을 보는 경우도 많이 발생한다. 다음 상승장을 대비해 계속 고민하는 것은 다음 상승장 때 이러한 변동성에 휘둘리지 않고 잘 투자할 수 있을지이다.

'큰 변동성을 감당할 수 있는 충분한 준비가 되었니?'

오늘도 스스로에게 질문해본다.

-95%에서 300%까지
- 호필

2021년 여름, 상승장 속 지옥 같은 시간이 지나가고 무더운 날씨가 본격적으로 시작되면서 비트코인 시장이 다시 상승하기 시작했다. 하지만 곧이어 9월에 다시 한번 비트코인의 조정이 오기 시작했다.

잠깐의 조정이고 추가적으로 상승할 것이라고 예상되었지만, 또 다시 공포가 찾아왔다.

'이번에 상승하면 팔 수 있을까?'

'또 욕심 때문에 못 팔면 어떻게 하지?'

무엇인가 대책이 필요한 상황이었다.

무엇을 어떻게 해야 할지 고민하다가 경제 공부도 할 겸 매일 암호화폐와 경제 뉴스 한 개를 선정하여 나의 생각을 정리해보기로 했다.

제목도 '동생에게 들려주는 경제, 투자 이야기'라고 정했다. 그동안 스승님에게 배운 여러 지식과 독서를 통해 얻은 지식, 암호화폐 경험을 토대로 매일 경제노트를 작성했다.

이렇게 시작한 경제노트는 심리적으로 흔들릴 때마다 진정시켜주는 역할을 했으며, 투자에 있어 편견을 갖지 않고 객관적으로 시장 상황을 바라보게 만드는 중요한 역할을 했다.

지금도 매일 경제노트를 작성하고 있다.

2021년 11월이 되자 상승장이 끝나고 있음을 체감했다. 하지만 또다시 욕심이 생겼다. 한 번만 더 상승하면 목표 금액인 5억 원에 도달할 수 있는데…. 그렇게 또 한 번 욕심을 부려 보았다.

2021년 12월 4일 검은 토요일이라고 불리는 비트코인의 하락이 발생했다. 비트코인이 20% 이상 빠르게 하락하면서 알트코인들도 급락했다. 정신이 번쩍 들었다.

'지금 뭐하고 있는 거지?'

경제노트를 작성하고 현재 상태를 점검해보았다. 하락이 시작되었지만 급하게 하락한 만큼 빠르게 반등할 것이라는 점이 분명했다.

나에게 주어진 마지막 기회였다. 다행히 예상처럼 빠른 반등이 찾아왔다. 이번에도 팔지 못하면 정말 끝장이라는 생각과 함께 정리를 시작했다.

매도하면 아쉬운 마음이 클 것 같았는데 오히려 정반대로 막혀 있던 가슴이 뚫리면서 속이 시원해지는 느낌을 받았다. 자신감도 생기면서 대부분의 코인을 정리하고 일부는 남겨두기로 결정했다.

그렇게 5년 만에 지옥 같은 시간이 끝이 났다.

2020년 연말부터 2021년 11월까지 상승장에서 목표 금액은 5억 원이었다. 5억 원으로 목표 금액을 설정한 이유는 2018년 남은 잔고가 500만 원 정도였기 때문에 100배를 목표로 잡은 것이었다. 그리고 5억 원이라는 금액이 무엇인가 새롭게 시작하기에 충분한 금액이라고 생각했다. 하지만 이러한 목표는 결국 실패했다.

2억 원을 현금화하고 1억 원 정도의 코인을 남겨두었다. 1억 원 정도의 코인을 남겨둔 이유는 1억 원 중 대부분의 금액은 ICO에 참여했던 한 개의 코인이 크게 상승해서 대부분의 비중을 차지하고 있었고, 다음 상승장까지 한번 가져가 보기로 결심했기 때문이었다.

이 코인이 살아남아 큰 수익을 가져다줄지, 상장폐지가 될지 불확실하지만 상관없었다. 어차피 ICO로 참여했던 돈들은 이미 없어졌다고 생각하고 있고, 현금화한 돈으로 처음부터 다시 시작하면 된다고 생각했다.

지난 상승장을 정리해보면 지금까지 투자해온 투자금이 1억 원 정도였는데 현금화한 2억 원을 기준으로 2배 정도밖에 수익을 기록하지 못한 결과였다.

아쉬움이 컸지만 다른 관점에서 생각해보면 -95%였던 투자금이 300%까지 도달한 것만으로도 기적이라고 생각한다.

다음 상승장까지의 목표는 지난 실수를 똑같이 반복하지 않는 것이다. 같은 실수만 반복하지 않는다면 수익은 저절로 따라올 것이 분명하기 때문이다.

4장

비트코인 도미넌스와
알트코인의 투자

01

비트코인의 사이클을 압축한
알트코인 변동성

비트코인이 연일 상승하면서 최고점에 이르는 시기에 하루 만에 2배 이상 상승하는 코인이 나오기 시작하면서 본격적인 알트코인의 대세 상승장이 시작된다.

알트코인 상승장의 특징을 살펴보면 비트코인 봄과 여름의 긴 사이클을 짧은 기간 압축해 놓았다고 할 수 있다.

약 2년간의 기간 동안 발생한 변동성이 1~2주 동안 발생한다고 생각해보자. 과연 이러한 변동성에 흔들리지 않을 자신이 있는가?

대부분의 투자자는 알트코인의 상승률을 보면서 큰 수익을 기대하지만, 반대로 큰 리스크가 있다는 점을 외면한다.

그렇기 때문에 알트코인 투자에 있어서 가장 중요한 것은 리스크 요인을 최대한 줄이는 전략이다.

비트코인을 일부 매도해 알트코인 투자금을 마련해야 하는 이유도 알트코인의 리스크를 줄이기 위해서다. 비트코인으로 얻은 수익률로 투자하는 투자자와 대출받은 돈으로 투자한 투자자 중 누가 더 유리한지는 모두가 알 것이라고 생각한다.

그러나 비트코인으로 얻은 수익률로 알트코인에 투자하든지, 대출받은 돈으로 알트코인에 투자하든지에 상관없이 심리적으로 흔들리는 것은 어쩔 수 없다. 그렇기 때문에 자신만의 알트코인 투자 원칙과 전략을 가지고 있는 것이 무엇보다도 중요하다.

02

10배 상승과 90% 하락이 공존하는 알트코인

필자가 암호화폐에 투자하는 투자자들과 이야기를 나누면 놀랍게도 비트코인에 투자하고 있지 않은 투자자들이 대부분이라는 사실을 알게 된다.

더 재미있는 사실은 비트코인은 몰라도 알트코인 중 하나인 리플* 코인에 대한 인지도가 더 높고, 비트코인을 보유하고 있지 않더라도 리플은 보유하고 있는 경우가 많다는 사실을 발견하게 되었다.

실제로 필자에게 비트코인에 대한 가격 전망보다는 리플의 전망에 대한 질문이 2배

• 리플(ripple)
전 세계 여러 은행이 실시간으로 자금을 송금하기 위해 사용하는 프로토콜 겸 암호화폐. 리플 코인이라고도 하며 리플의 화폐단위는 XRP이다.

정도 더 많다.

리플 코인에 대해서 잠깐 이야기해보면 2017년 12월 상승장에서 300원이었던 리플 코인이 단 한 달 만에 5,000원 가까이 상승하면서 엄청나게 인기가 높아지며 우리나라 투자자들이 가장 많이 투자하고 있는 종목이 되었다. 하지만 이후 암호화폐의 겨울이 찾아오면서 97%까지 하락해 150원까지 떨어졌었다.

필자가 리플 코인 이야기를 꺼내는 이유는 우리나라 투자자 대부분이 지나치게 알트코인에만 투자하는 경향이 강하기 때문이다. 물론 필자도 처음 투자를 시작할 때 알트코인에만 투자했었기 때문에 알트코인에 집중하는 심정은 충분히 이해가 된다.

처음 특정 알트코인이 10배, 20배, 100배 상승하는 것을 보면 누구나 알트코인 한 종목 잘 골라서 인생역전의 욕심이 생기는 것은 당연하다고 생각한다.

하지만 알트코인이 10배, 20배, 100배 상승하는 만큼 90%, 95%, 99%의 하락과 상장폐지의 가능성을 생각해보아야 한다.

또한 알트코인의 본격적인 상승은 가을이 되어서야 시작되므로 그때까지 긴 기다림과 인내가 필요하다. 때문에 알트코인에 투자하기 전에 반드시 큰 리스크가 존재한다는 점을 명심해야 하며, 알트코인 투자에 신중할 필요가 있다는 점을 다시 한번 강조하고 싶다.

03

암호화폐에도
투자 순서가 있다

본격적으로 알트코인 투자 이야기를 하기 전에 암호화폐에도 투자의 순서가 있다는 점을 강조한다.

주식의 경우 시가총액이 큰 주식이 상승하고 나서 전체적으로 시장이 상승하듯이, 마찬가지로 비트코인이 충분히 상승하고 난 뒤에 알트코인이 상승한다.

특히 암호화폐의 경우 비트코인이 알트코인의 매수를 위한 기축통화 역할도 하기 때문에 비트코인의 가격에 알트코인이 크게 영향을 받는다.

| 이더리움 차트 |

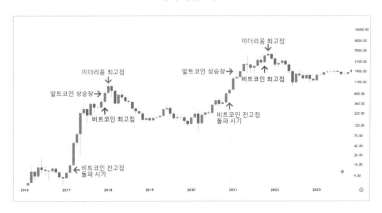

암호화폐 시장에서 가장 상승하는 것은 당연히 비트코인이다.

비트코인이 상승한 다음에 상승하는 코인은 알트코인의 대장인 이더리움이다.

이더리움 차트에서 볼 수 있는 것과 같이 이더리움의 본격적인 상승은 비트코인이 기존 최고점을 돌파한 순간부터 급격하게 상승하기 시작한다. 이후 이더리움이 기존 고점을 돌파한 순간부터 본격적으로 알트코인의 상승장이 시작됨을 알 수 있다.

이러한 사실을 바탕으로 '비트코인 ⇨ 이더리움 ⇨ 알트코인' 순서로 암호화폐 투자를 해야 가장 높은 수익률을 기대할 수 있다는 점을 알 수 있다.

하지만 이러한 사실을 알지 못하고 내가 가진 알트코인이 왜 상승하지 않는지 원망만 하고 있는 투자자들이 많고, 결국에 버티지 못하고 매도하는 경우가 많이 발생한다.

우리가 투자해야 할 순서는 '비트코인 ⇨ 이더리움 ⇨ 알트코인'이라는 점을 기억하자.

알트코인은 비트코인과 알트코인이 충분이 오르고 난 뒤에 투자하더라도 10배 이상 상승하는 코인들이 많다. 때문에 늦게 투자하더라도 충분한 수익률을 기대할 수 있다.

04

비트코인 도미넌스

알트코인에 투자하기 위해서는 암호화폐 투자에 가장 중요한 지표 중 하나인 비트코인 도미넌스의 개념을 알아야 한다.

비트코인 도미넌스란 암호화폐 전체 시가총액에서 비트코인이 차지하고 있는 점유율이다.

비트코인 도미넌스의 상승과 하락은 다음 표와 같이 움직이게 된다. 비트코인 도미넌스의 표를 바탕으로 다시 정리해보면 비트코인 도미넌스가 상승하는 경우는 비트코인이 알트코인보다 상대적으로 높은 상승률을 기록하거나, 비트코인보다 알트코인이 더 크게 하락하는 경우 비트코인 도미넌스가 상승하게 된다.

| 도미넌스의 상승과 하락 |

알트코인＼비트코인	상승	횡보	하락
상승	비트 〉 알트 상승 비트 = 알트 횡보 비트 〈 알트 하락	하락	하락
횡보	상승	횡보	하락
하락	상승	상승	비트 〉 알트 하락 비트 = 알트 횡보 비트 〈 알트 상승

　반대로 비트코인 도미넌스가 하락하는 경우는 알트코인이 비트코인보다 더 높은 상승률을 기록하거나, 알트코인이 비트코인보다 하락률이 낮을 경우 도미넌스가 하락하게 된다.

　또한 알트코인의 종류는 지속적으로 늘어나기 때문에 알트코인이 급격하게 늘어나는 시기에도 도미넌스가 하락한다.

05

도미넌스를 보면
알트코인의 투자 타이밍이 보인다

비트코인 도미넌스에 대한 기본적인 개념을 이해했다면 비트코인 도미넌스 차트를 보는 방법에 대해 알아보도록 하자.

차트에서 먼저 눈에 띄는 부분은 2017년도 3월에 비트코인 도미넌스가 급격하게 하락했다는 점이다.

주식에서 IPO처럼 자금을 모아 코인을 발행하는 것을 ICO라고 하며, 대부분의 ICO 자금은 이더리움으로 거래된다.

지금 우리나라의 경우 ICO가 금지되었지만 2017년도에는 ICO 붐이 일어났던 시기로 이더리움 가격의 급격한 상승과 함께 새로운 알트코인들이 빠르게 발행되기 시작하면서 95%였던 비트코인 도미넌

| 비트코인 도미넌스 차트 |

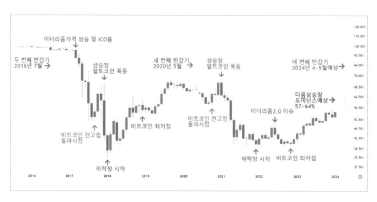

스가 급격하게 하락하기 시작했다.

비트코인 도미넌스의 하락은 2017년 8월까지 지속되었고, 2017년 9월 중국에서 비트코인 채굴 금지 이슈와 함께 암호화폐 시장이 폭락하면서 상대적으로 비트코인보다 알트코인의 하락이 작아지면서 비트코인 도미넌스가 반등하기 시작했다.

이후 비트코인의 빠른 상승과 함께 전고점을 돌파하면서 비트코인 도미넌스가 급격하게 상승하게 된다.

비트코인 여름 기간에 알트코인이 오르지 못하는 상황에서 비트코인만 상승하면서 도미넌스가 올라가는 경우가 발생한다. 이러한 현상을 투자자들 사이에서는 '비트코인 흡성대법' 또는 줄여서 '비트흡성'이라고 부른다.

비트코인 흡성대법 시기에 알트코인에만 투자했던 투자자들이 상대적인 박탈감을 느끼면서 알트코인을 팔고 비트코인으로 넘어오면서 비트코인 도미넌스가 더욱 빠르게 올라가는 경향이 있다.

2020년의 경우 비트코인이 최고점을 돌파하면서 비트코인 도미넌스가 빠르게 올라갔다는 점을 확인할 수 있다.

이후 비트코인이 최고점을 돌파해 고점을 형성한 이후 도미넌스가 빠르게 하락하면서 알트코인들의 대세 상승장 시기가 찾아온다.

이후 암호화폐 겨울이 시작되고 비트코인보다 알트코인들이 더 크게 하락하면서 비트코인 도미넌스가 다시 올라가게 된다.

비트코인 도미넌스를 바탕으로 알트코인을 적극적으로 투자해야 하는 시기는 비트코인 도미넌스가 충분히 상승한 이후 하락할 때라는 사실을 알 수 있다.

그렇다면 이번 사이클에서 비트코인 도민넌스가 어디까지 상승할 것인지가 궁금할 것이다. 필자의 추측으로는 알트코인 종류의 증가, 법정화폐와 1:1의 가치를 지닌 USDT(테더)와 USDC 등 스테이블의 시가총액이 증가하면서 비트코인 도미넌스가 70%를 넘기는 어렵다고 생각하고 있다. 그리고 다가오는 상승장에서는 57~64% 정도까지 비트코인 도미넌스가 상승할 것으로 예상하고 있다.

하지만 비트코인 현물 ETF라는 변수가 있고, 비트코인 도미넌스가 추가적으로 상승할 가능성도 존재하기 때문에 비트코인의 사계절 사이클과 함께 판단해야 한다.

필자의 예상대로 비트코인 도미넌스가 57~64%에 도달되어 있고, 가을 시기에 비트코인이 최고점을 돌파해 새로운 고점을 형성하고 있다면 알트코인 투자 최적의 타이밍이 될 것이다.

4가지 투자 원칙
– 팽돌이

사람이 한 가지에 집중하면 잃는 것도 있지만 상대적으로 얻는 것도 많다. 2017년 처음 코인을 시작할 때는 왜 하락했는지, 왜 상승했는지 몰랐다.

그저 오르면 좋고, 하락하면 울고. 체계가 없이 기분에 따른 매매를 했다. 지금 생각하면 도저히 성공할 수 없는 투자이다. 코린이들이 나에게 상담하러 오면 과거의 내가 떠오른다.

그들에게 이렇게 말해주고 싶다. 지금의 상태로는 절대 투자에 성공할 수 없다고.

내가 생각하는 투자의 4가지 성공 원칙이 있다. 바로 '성실, 인내, 전문적인 지식, 냉철한 판단력'이다. 나는 이 4가지 원칙 중 가장 중요한 것은 냉철한 판단이라고 생각한다.

하지만 그만큼 중요한 한 가지는 전문적인 지식이다. 명품을 좋아하는 사람은 보기만 해도 짝퉁을 구별해낸다. 정말 신기하다. 어떻게 그런 디테일까지 알고 있는 것일까?

치과의사들은 화면에서 연예인들의 치아만 봐도 자연치인지 보철 치아인지 알 수 있다. 그만큼 전문적인 지식이 있는 것이다.

비트코인 투자도 마찬가지이다. 필자의 경우 지금이 어느 시기인지 냉철하게 판단한다.

2022년에는 미국의 금리 인상 시기였고, 투자에서 성공하기 어렵다고 판단하여 1년을 버텼다. 지인들에게도 아무것도 하지 말고 정기예금이나 하라고 권유했다. 코인 투자의 겨울이라고 판단했기 때문이다.

하지만 2023년은 달랐다. 하락이 끝났는지 알 수는 없지만 한겨울은 지나갔다고 판단했다. 이제부터 매집을 시작했다.

비트코인 도미넌스의 상승은 두 가지 경우가 있는데 비트코인이 상승하면서 도미넌스가 상승하는 경우와 하락장에서 비트코인보다 알트코인이 더 하락하면서 도미넌스가 상승하는 경우이다.

2022년은 알트코인이 하락하면서 도미넌스가 상승했다. 2023년 12월 시점은 비트코인이 상승하면서 도미넌스가 상승한 경우이다.

도미넌스는 시가총액 중에 비트코인이 차지하는 비중이다. 개인적인 판단으로는 이 시점에서 비트코인 도미넌스가 예전처럼 65 이상은 넘을 것이라고 생각하지 않았다. 워낙 시가총액이 큰 알트코인이 많아서 도미넌스가 60까지 가기도 힘들어 보였다.

따라서 비트코인 도미넌스가 60 가까이에 오면 비트코인을 전부 매도할 전략을 세웠다. 매도한 현금으로 이더리움과 스텍스, 폴카닷, 클레이튼, 핀시아 같은 알트코인을 매수할 것이다. 시가총액을 보면서 시가총액이 너무 많이 오른다면 과감하게 매도하고 다른 알트로 갈아탈 생각이다.

　나의 암호화폐 투자에 있어 도미넌스는 매도/매수의 중요한 지표 중 하나다.

20배의 수익률과 상장폐지

- 호필

2020년 코로나로 인한 급락과 급등의 한 해가 저물고 2021년이 새롭게 시작되었다.

비트코인은 최고점을 돌파하고 새로운 고점을 갱신하고 있지만 무리한 ICO 투자로 아직까지 손실이 복구되지 못하고 있었다.

이런 와중에 바보같이 비트코인 조정이 올 것이라 생각하고 전부 매도했다.

이제 마지막 남은 희망은 알트코인밖에 없다는 생각이 들었다.

하지만 이더리움만 다시 상승하기 시작했고, 여전히 다른 알트코인은 움직이고 있지 않았다.

조금 더 참아 보았다.

드디어 알트코인들이 순환 펌핑을 시작했다.

그러나 내가 가지고 있는 알트코인들은 크게 상승하지 못했다.

'지금이라도 갈아타야 할까?'

'아니야, 지금 타면 늦어 끝까지 기다리자!'

나 자신과의 싸움이 시작되었다.

그러던 어느 날, 관심 있게 지켜보던 알트코인에 자꾸 눈이 갔다. 보유하지 않아서 계속 찝찝한 기분이 들었고, 없는 돈을 모아 200만 원을 투자했다.

다음 날 아침, 기적이 일어났다.

어제 샀던 알트코인이 2배 상승했다. 점심시간이 되자 196원에 매수했던 코인이 1,000원까지 5배 상승했다.

50% 매도해서 원금과 수익금의 일부를 수익 실현했다.

하지만 상승의 끝이 없었다.

'조금만 늦게 팔걸.'

역시 사람의 욕심은 끝이 없다.

그렇게 10배 상승해 2,000원이 되었다.

하지만 이후 30~40%의 하락과 급등이 반복되었다.

실시간으로 움직이는 거래소 계좌를 보니 실감이 나지 않았다.

분 단위로 가격이 상승하고 하락하기를 반복했다.

다음 날 5,000원까지 도달하면서 투기의 정점에 도달했다. 그런데 문제는 매도가 되지 않는 것이었다.

호가창이 너무 빠르게 움직였고, 매도 주문이 무시되었고, 하락했다 상승하기를 반복했다.

최고점은 아니지만 만족하는 수준에서 어느 정도 정리했다.

남은 잔고를 기념으로 캡처했다.

'매수 금액 62만 원, 평가 금액 1,381만 원, 수익률 2,110%'

인증사진을 남기고 모두 매도했다. 그렇게 암호화폐에 투자한 지 5년 만에 처음으로 큰 수익이 발생했다.

시간이 흘러 2021년 11월 상승장 마지막에 20배의 상승을 보여줬던 코인을 다시 매수했다.

하지만 큰 상승 없이 하락이 시작되었다.

하락장이 시작되었음을 알고 있지만 벌었던 돈으로 투자한 것이니 끝까지 가져가 보자고 생각했다.

몇 달 뒤 손실이 -50%가 되었다. 이 정도 하락은 충분히 예상했으니 괜찮았다.

조금 더 기다려보기로 했다.

-85%가 되었다. 괜찮을 것 같았는데 솔직히 계속 신경 쓰였다.

과거의 욕심에 대한 반성의 증표로 남겨두기로 했다.

하지만 얼마 뒤 상장폐지 이슈가 발생했다. 결국 -85%의 손실을 보고 매도했다. 매도하니 상장폐지가 안 될 수도 있다는 소식과 함께 빠르게 반등했다.

하지만 결국 상장폐지 되면서 역사 속으로 사라졌다.

엄청난 이익과 손실을 함께 가져다준 코인이 상장폐지 되니 묘한 기분이 들었다.

캡처된 이미지로만 남게 된 핸드폰 속 사진을 보면서 오늘도 다음 상승장에서 알트코인의 변동성을 버틸 수 있을지 걱정이 되었다.

'이번 상승장에 변동성을 감당할 준비가 되어 있나?'

'욕망을 자제할 수 있을까?'

다시 상승장에서 변동성을 이길 것이라는 확신은 없다. 다만 한번 샀던 코인을 다시 매수하는 바보 같은 실수를 반복하지 않겠다고 다시 한번 다짐해본다.

06

하락 신호 1
상승장의 종료 시그널

가을 수확과 함께 우리는 다가올 겨울을 대비해야 한다.

농사의 경우 언제 수확이 끝나는지 직접 확인하는 것은 쉽지만 암호화폐의 경우에는 쉽지 않다. 비트코인 고점에 대한 신호를 여러 가지 암호화폐 지표를 가지고 확인하는 방법이 있다. 이번에는 필자가 두 번의 상승장을 통해 느낀 고점 신호라고 생각하는 여러 가지 현상에 대해서 소개해보려고 한다.

고점의 신호 중 하나는 새로운 유행어와 짤이 생긴다는 점이다. 2017년 필자가 기억하는 유행어 중 하나는 '오늘의 고점이 내일의 저점이다'라는 말과 함께 암호화폐의 긍정적인 짤들이 SNS를 통해 빠르게 확산되었다.

2021년의 경우는 '벼락거지', '돈복사(코인에 투자금을 넣으면 넣은 만큼 돈이 복사된다)' 등 새로운 유행어가 생겨나기 시작하면서 각종 밈들이 빠르게 확산되었다.

필자가 개인적으로 고점의 신호라고 확인하는 또 다른 방법은 사람들이 모여 있는 장소에서 코인 이야기를 하고 있는지 확인하는 것이다. 카페, 음식점 등 사람들이 모이는 장소에서 코인 이야기가 끊임없이 들린다면 과열을 넘어 투기에 진입하고 있다는 신호다.

이러한 신호들은 개인의 직관적인 판단이기 때문에 객관적인 판단의 기준이 될 수 없다고 비판하는 투자자들도 있다.

하지만 그동안 계속 비판해왔던 대중의 심리가 극적으로 긍정적으로 변했다는 점은 시장이 투기의 정점에 달했다는 가능성이 크기 때문에 고점에 대한 여러 가지 판단 중 하나로 충분한 가치가 있다고 생각한다.

여러 고점 신호를 통해 우리는 이제는 파티를 끝내고 다가올 겨울을 다른 투자자들보다 한 걸음 빨리 준비해야 한다. 투기에 매몰되면 다시 한번 혹독한 겨울을 맞이하게 될 것이다.

07

하락 신호 2
김치 프리미엄

비트코인이 주식과 다른 특징 중 하나는 거래소마다 가격이 다르다는 점이다. 같은 비트코인이라도 거래소에 따라서 가격이 다르다. 우리나라 거래소 간의 가격 차이는 거의 없지만 해외 거래소와 우리나라 거래소의 경우 큰 가격 차이가 발생하기도 한다.

투자자들 사이에서 우리나라의 암호화폐 가격이 해외보다 높은 경우 '김치 프리미엄', 줄여서 '김프'라 한다. 그리고 가격이 낮은 경우를 '역프리미엄' 줄여서 '역프'라고 부른다.

김프와 역프가 발생하는 이유는 투자에 대한 관심과 환율의 급격한 변동에 따라 발생하게 된다.

우리나라에서는 해외 거래소의 유입과 유출을 제한하는 트래블 룰*이 시행되고 난 이후 앞으로 김프의 가능성은 줄어들 것으로 예상된다. 하지만 김프가 다시 한번 높은 수준으로 발생할 가능성도 여전히 남아 있다. 그리고 김프가 높을 때 항상 큰 하락이 발생했기 때문에 암호화폐 투자자라면 김프에 대해서 알고 있어야 한다.

● 트래블룰
금융기관이나 가상자산사업자가 다른 금융기관이나 사업자에게 송금할 때 송금자의 정보를 기록, 유지하도록 하는 법률이나 규칙

김치 프리미엄의 가장 큰 문제는 해외에서 비트코인을 매수해 우리나라 거래소로 보내서 매도할 경우 시세차익을 얻을 수 있으며, 시세차익을 다시 해외로 출금할 경우 우리나라의 외환이 유출되는 현상이 발생하게 된다는 점이다.

김치 프리미엄이 절정이었던 2018년 1월 6일 기준 비트코인 달러 인덱스상 가격은 1만 7,200달러였으며, 업비트 기준 원화는 2,885만 원이었다. 당시 환율 1,060원을 적용할 경우 우리나라의 비트코인이 해외보다 약 1,000만 원 정도 높은 가격인 50%가 넘는 김치 프리미엄이 발생했다. 즉 다시 말하면 해외에서 비트코인을 사서 우리나라에 보내면 앉아서 50% 수익을 얻을 수 있다는 이야기가 된다.

이렇게 김치 프리미엄을 이용해 시세차익을 얻고 외환이 우리나라에서 빠르게 나가게 되면 우리나라의 경제에까지 영향을 줄 수 있는 심각한 상황으로 이어지게 된다.

그러다 보니 이를 막고자 박상기 전 법무부 장관이 암호화폐는 도

박과 같으며 거래소 폐쇄까지 추진하겠다고 강력한 발언을 했다. 발언 당일인 2018년 1월 11일 하루 만에 비트코인의 경우 약 40%의 급락이 발생하면서 본격적인 암호화폐의 하락장이 시작되었다.

김치 프리미엄이 20%가 넘었던 2021년 4월의 경우에도 은성수 금융위원장은 가상자산이 가치가 없다는 발언과 함께 거래소 폐쇄를 언급하면서 김치 프리미엄이 빠지며 비트코인의 하락을 가속하기도 했다.

김치 프리미엄이 무서운 이유는 하락이 발생하게 되면 우리나라의 경우 김치 프리미엄만큼의 추가 하락이 발생한다는 점이다. 예를 들어 비트코인이 해외에서 2만 달러에서 거래되고 있고, 김프가 40%인 상황에서 30% 하락했다고 가정해보자.

해외의 경우 1만 4,000달러로 6,000달러의 손실을 보았다. 하지만 우리나라의 경우 40%의 김치 프리미엄을 가정해보면 2만 8,000달러에서 하락했다고 볼 수 있기 때문에 1만 4,000달러까지 하락할 경우 1만 4,000달러의 손실로 50%의 손실을 보게 된다.

즉 해외에서의 30% 하락이 우리나라에서는 50% 하락하면서 20%라는 추가적인 하락이 발생하게 된다.

이처럼 비트코인의 김치 프리미엄이 심각한 수준으로 이어지게 된다면 암호화폐 시장이 지나치게 과열된다. 그리고 큰 하락이 발생하는 점과 함께 우리나라의 투자자들에게 더 큰 손실을 가져다준다는 사실에 유의해야 한다.

08

이더리움이 상승장의
시작과 끝을 알려준다

비트코인 도미넌스에서 비트코인을 제외하고 가장 중요한 한 개의 코인을 뽑아보면 이더리움이라고 할 수 있다. 이더리움은 비트코인에 이어 시가총액 2위를 차지하고 있으며, 알트코인 중에서 가장 높은 시가총액을 기록하고 있다.

이더리움의 경우 비트코인이 높은 도미넌스를 기록했을 때와 낮은 도미넌스를 기록했을 때를 제외하고 보통 10~20% 사이에서 도미넌스를 기록하고 있다.

이더리움이 중요한 이유는 본격적으로 이더리움을 분석해보면 상승장과 하락장에 대한 힌트를 제공하기 때문이다.

| 이더리움 차트 |

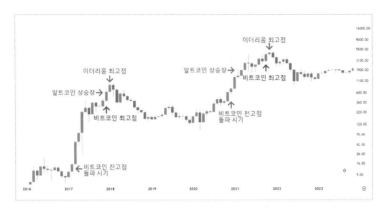

앞서 이더리움 차트를 통해 암호화폐의 투자 순서는 '비트코인 ⇨ 이더리움 ⇨ 알트코인'이라는 사실을 강조했다.

이더리움 차트를 통해 알 수 있는 또 다른 사실은 이더리움이 본격적인 상승장의 시작과 끝을 알려준다는 점이다.

이더리움이 본격적으로 상승하는 시기는 비트코인이 최고점을 뚫고 연일 상승한 사이에 본격적인 상승이 시작된다.

즉 다시 이야기해보면 이더리움이 본격적으로 상승하기 시작했을 때부터 모든 투자자가 암호화폐의 진정한 상승장이 시작되었다는 점을 느끼게 된다.

이후 비트코인이 최고점을 찍고 한 달 뒤에 이더리움이 최고점에 도달한 다음 암호화폐의 상승장이 끝나고 본격적인 하락이 시작됨을 알 수 있다.

따라서 비트코인이 하락하고 있는 상황에서 이더리움과 알트코인이 상승하고 있다면 본격적으로 하락장 진입 전 마지막 불꽃이라고 생각하고 다가올 하락장을 대비해야 한다.

지금까지 이더리움이 암호화폐 상승장의 시작과 끝의 신호라는 점을 잘 보여왔다. 다음 상승장에서도 이런 유사한 패턴을 보일 가능성은 크다고 생각한다.

필자의 개인적인 의견으로는 알트코인의 본격적인 상승은 이더리움 현물 ETF가 승인되고 난 이후에 시작될 것이라 생각하고 있다.

비트코인 도미넌스와 함께 이더리움 차트를 참고한다면 알트코인의 투자 타이밍에 대한 많은 힌트를 얻을 수 있을 것이다.

09

하락장이 시작되었음에도 겨울을 못 느끼는 이유

비트코인 가을 계절이 끝나고 겨울이 찾아오기 전에 많은 신호가 있다는 사실을 알아보았다. 하지만 대부분의 투자자가 이러한 하락의 신호를 눈치 채지 못하고, 갑자기 찾아온 하락과 함께 당황하는 사이 대응하지 못하고 손실을 보는 경우가 많이 발생한다.

그렇다면 왜 투자자들이 하락의 신호를 인지하지 못할까?

여러 가지 이유가 있지만 필자가 생각한 가장 큰 이유는 비트코인이 하락하고 있음에도 이더리움과 알트코인이 여전히 상승하고 있어서 상승장이라고 착각하기 때문이다.

특히 비트코인 투자를 건너뛰고 알트코인에만 투자하는 투자자들의 경우 비트코인의 가격은 나와는 상관없다고 생각하는 경향이 강하다. 그리고 비트코인이 하락하면 알트코인도 하락한다는 사실을 인정하지 않으려고 한다.

그러나 비트코인은 암호화폐 시장에서 기축통화의 역할도 하기 때문에 비트코인이 하락한다면 대부분의 알트코인은 반드시 하락하게 되어 있다.

그렇기 때문에 필자가 비트코인 투자를 강조하는 이유이며, 비트코인에 투자하지 않더라도 알트코인 투자를 위해서는 비트코인의 사이클과 도미넌스에 대한 이해는 반드시 필요하다고 생각한다.

이러한 이해 없이 알트코인에만 몰입되어 펌핑되는 알트코인만 쫓다 보면 필자가 과거에 겪었던 지옥 같은 경험을 하게 될 것이다. 부디 이 책을 읽는 투자자들은 필자와 같은 실수를 반복하지 않았으면 좋겠다.

슬픈 예감은
틀린 적이 없다
– 팽돌이

투자하는 과정에서 느낌이 서늘할 때가 있다. 투자를 오래 할수록 느끼는 것 중 하나는 정말로 수익이 날 때보다 물려 있을 때가 편하다는 것이다.

말도 안 되는 소리라고 생각하겠지만 코인의 계절 중 봄이 나에게 제일 편안한 시기이다. 봄이 편안한 이유는 있는 현금으로 매집만 하면 되고, 언제 매도할지 고민하지 않아도 되기 때문이다.

내가 생각하는 비트코인 투자의 궁극적인 목표는 비트코인을 몇 개 모으느냐의 싸움이다. 가격보다는 개수가 중요하다. 코린이는 절대 동의할 수 없을 것이다. 오랫동안 코인 투자 경험이 있는 투자자는 알고 있다, 어차피 비트코인은 상승할 것이라는 것을.

그 사실을 알기에 어떻게든 개수만 늘려 가면 되는 싸움이다. 문제는 최저점에 살 수 없기에 용기를 가지고 매집하면 된다. 나중에는 하락할 때 계속 사는 것 자체가 오히려 즐겁다는 것이다.

아직 상승하기에는 시간이 있기 때문에 계좌는 손실이지만 왠지 모르게 하락하더라도 매수하는 것만으로도 쾌감이 있다. 쇼핑중독이라는 것이 이해되는 순간이다. 손실이더라도 자꾸 개수를 늘리면 기분이 좋다. 성취감이 생긴다.

희망회로를 돌리며 코인이 어디까지 상승하면 난 백만장자가 될 것이라는 말도 안 되는 상상을 하면서 매집한다.

하지만 이렇게 힘들게 매집한 코인이 상승장에서 하락의 기운이 느껴질 때가 있다. 나의 경우는 비트코인이 상승을 멈추고 이더리움이 상승하기 시작하면 그때부터 불안해지기 시작한다.

비트코인 도미넌스의 하락은 알트코인의 상승을 의미한다. 이더리움의 상승은 알트코인 상승의 시작을 알린다. 개인적인 경험상 이더리움이 상승하고 한 달이 지나면 시가총액이 낮은 코인이 상승하면서 상승장은 마감을 시작한다.

비트코인 상승이 멈추고 이더리움이 상승하기 시작한 후 한 달이 지나면 이제부터는 하락이 온다는 신호로 받아들여야 한다.

나의 경우 2021년 11월에 코인을 전액 현금화할 때도 비슷한 하락이 올 것이라 생각했는데, 결과적으로는 잘한 선택이었다.

가장 정확한 '인간지표'

– 호필

2017년 12월 ICO에 본격적으로 투자하기 위해 여러 인터넷 카페에 가입했다. 카페의 주된 내용은 여러 알트코인의 전망과 ICO에 대한 정보, 새롭게 상장되는 코인들에 대한 이야기로 뜨거웠다.

그중에서 한 개의 글이 눈길을 사로잡았다.

제목은 기억 나지 않지만 내용은 아직도 생생하게 기억하고 있다.

글의 내용을 요약해보면, 시장이 지나치게 과열되어 있고, 김프가 50%가 넘어가면서 비정상적인 상황이다. 너무 위험해 보인다는 이야기였다.

댓글 반응은 예상대로 엄청난 욕설과 비난으로 도배되어 있었다.

'상승장 분위기 깨지 마라, 그렇게 위험하면 너만 떠나라, 그러니깐 너가 돈을 벌지 못 한 거다, 분위기 흐릴 거면 카페 탈퇴해라.'

지금 생각해보면 너무 정확하게 시장을 바라보고 있었던 글이었지만 카페에 있던 거의 모든 투자자가 부정했다.

나도 그중 하나였다.

많은 투자자가 언제 팔아야 하는지 물어본다. 매도 신호에 대한 여러 가지 기술적인 방법이 존재하는데, 이러한 방법들은 매우 유용하지만 가장 쉬운 방법이 존재한다.

우리의 주변을 살펴보면 되는데, 흔히 '인간지표'라고 부른다.

2017년 12월, 어딜 가나 사람들이 코인 이야기를 했다. 2021년에도 마찬가지로 어디에서나 주식과 코인 이야기가 들렸다.

SNS와 각종 인터넷 커뮤니티에는 밈들이 돌아다녔다. 한 장의 그림이나 사진으로 지금의 상황이 너무 잘 표현되는 것이 너무 신기했다.

이러한 현상들이 나오면 얼마 지나지 않아 항상 하락했다.

그런데 인간지표에는 숨겨진 비밀이 있다.

인간지표를 참고할 때 대부분 주변을 살펴본다. 하지만 가장 정확하게 맞는 인간지표는 나 자신에게 있다.

내가 금방이라도 부자가 될 것 같고, 엄청난 희망이 생기는 감정이 들면 항상 고점이었다. 반대로 너무 무서워서 매수하지 못하거나 외면하고 싶은 생각이 들었을 경우 항상 저점이었다.

이렇게 가장 좋은 인간지표가 24시간 함께하고 있지만, 우리는 항상 인간지표를 타인에게서 찾는다.

자신이 가장 훌륭한 인간지표라는 사실을 알게 되더라도 자신을 인간지표로 활용하는 것은 쉽지 않다.

내가 나를 인간지표로 활용하기 시작한 시점은 2018년 하락장 끝에 자기계발과 독서를 투자와 연결 지으면서부터이다.

그러다 보니 이제는 자기계발과 투자는 밀접하게 연관되어 있다는 확신이 생기게 되었다. 그리고 투자에 있어 자기계발은 자신만의 투자 철학을 만들어가는 과정이라 생각하고 있다.

아직까지 가야 할 길은 멀지만 꾸준한 자기계발 덕분에 이제야 비소로 나를 인간지표로 참고하고 있다. 나를 인간지표로 참고하기 시작한 이후부터 비트코인 매수, 매도의 마지막 단계에서 스스로에게 질문하는 습관이 생겼다.

'너의 진짜 감정은 무엇이니?'
'환희하고 있니, 공포에 사로잡혀 있니?'

오늘도 내가 가장 훌륭한 인간지표가 된다.

10

비트코인의 대안투자,
이더리움

필자의 경우 비트코인에 비해 이더리움 투자에는 소극적인 편이다. 그 이유는 가장 먼저 상승하는 비트코인으로 수익을 먼저 얻고, 비트코인이 충분이 상승했을 때 이더리움을 사더라도 늦지 않다고 생각하기 때문이다.

만약 비트코인에서 이더리움으로 넘어가는 타이밍을 잡지 못하더라도 비트코인에서 바로 알트코인 투자로 넘어가서 알트코인 투자 기회를 잡으면 된다.

특히 이번 세 번째 사이클에서 봄 기간 동안 이더리움보다는 비트코인에 집중했다. 가장 큰 이유는 비트코인은 전통 금융시장에서 받아들일 것이라는 확신이 있었지만, 이더리움의 경우는 확신이 없었기 때문이다. 하지만 블랙록에서 이더리움 현물 ETF를 신청한 이후부터 필자도 이더리움에 대한 확신이 생기기 시작했고, 조금씩 이더리움을 매수하고 있다.

이제는 이더리움이 비트코인에 충분한 대안투자가 될 수 있다고 생각한다. 그렇기 때문에 비트코인을 충분히 매수하지 못한 상황에서 비트코인이 너무 크게 상승했다고 판단되거나, 비트코인 대비 이더리움이 충분히 상승하지 못했다고 판단되면 비트코인과 이더리움에 함께 투자하는 방법을 추천한다.

필자가 추천하는 비트코인:이더리움 비중은 8:2 정도를 추천하며, 개인의 성향에 따라 5:5~9:1 비율도 괜찮다고 생각한다.

비트코인이 너무 높은 가격에 있음에도 불구하고 이더리움이 상승하고 있지 않다면 이더리움에 주목해보자. 알트코인의 상승 전, 비트코인을 대신할 좋은 투자 종목이 될 것이다.

11

상장폐지와 기존 고점을 넘지 못하는 알트코인

많은 암호화폐 전문가가 알트코인에 대해 말할 때마다 빠지지 않고 나오는 이야기는 알트코인의 99%가 상장폐지 된다는 것이다. 필자도 이러한 의견에 일부 동의한다.

그런데 재미있는 사실은 필자가 암호화폐 시장에 처음 투자하게 된 2017년부터 상장폐지에 대한 이슈는 매년 나오고 있지만, 아직까지 상장폐지 되지 않은 코인들이 대부분이라는 점이다. 그렇다 보니 일부 투자자들의 경우 상장폐지를 매년 나오는 이슈로 취급하며 대수롭지 않게 생각하기도 한다.

상장폐지에 대한 필자의 개인적인 의견으로는 비트코인이 제도권에 편입을 앞둔 현재 언제든지 대규모 상장폐지가 나올 가능성도 존재하지만, 가격이 회복하지 못하고 자연스럽게 관심이 멀어지면서 상장폐지에 가까운 가격이 이어질 가능성도 크다고 생각한다.

이렇게 생각하는 이유는 2017년 상승장 때 좋은 코인으로 주목받았던 알트코인 대부분이 2021년에 가격을 회복하지 못했기 때문이다.

2017년에 좋은 코인으로 주목받았던 이더리움, 리플, 네오, 넴, 이오스, 에이다, 비트코인캐시 중에서 전고점을 넘어 새로운 고점을 형성한 코인은 이더리움과 에이다밖에 없다. 그리고 나머지 코인들은 절반 정도밖에 회복하지 못했다.

비트코인캐시의 경우 2017년 560만 원이었던 가격이 2021년도에는 200만 원으로 절반도 회복하지 못한 채 하락했다. 이와 같이 알트코인이 기존 가격을 회복하지 못하고 점점 하락하면서 서서히 시장에서 외면을 받다 사라질 가능성이 크다고 생각된다.

반면 기존 고점을 다시 돌파한 이더리움과 에이다의 경우 투자자들에게 매우 큰 수익률을 가져다주기도 했다.

만약 과거에 좋은 코인이라 평가받았던 알트코인에 투자하고 싶은 투자자들은 다음 상승장 때 기존 고점을 넘는 상승이 발생할 것인지 깊이 고민해봐야 한다. 그리고 기존 고점을 넘지 못할 가능성도 있음을 인지하고 투자해야 한다.

필자의 경우 2021년 상승장 이전부터 상장되었던 코인들에 투자할 때 기존 고점을 넘는다는 생각을 버리고 최고점 대비 30~50% 정도만 상승할 가능성을 생각하면서 투자하고 있다.

예를 들어 특정 알트코인의 직전 고점 가격이 5,000원이라 가정해 보면, 다음 상승장에서 상장폐지 되지 않는다는 가정하에 2,500원을 1차 목표가격으로 설정한다. 그리고 이후 5,000원을 2차 목표가격, 5,000원 이상을 3차 목표가격으로 설정한 다음 현재가격에서 어느 정도의 기대수익률을 판단한 후 매수를 진행한다.

만약 5,000원이었던 코인이 250원까지 95% 하락해 있는 상황이라면, 250원에 매수할 경우 1차 목표가격까지 10배의 수익을 기대할 수 있다. 최악의 경우에도 5배 정도의 수익이 기대되기 때문에 리스크 대비 소액 투자는 나쁘지 않다고 생각한다.

하지만 유의해야 할 점은 알트코인이 언제든지 상장폐지 될 수 있고, 최고점 가격을 회복하지 못할 것이라는 리스크를 충분히 인지하고 있어야 한다. 그런 다음 2~3개 종목만 전체 투자금의 5% 이하로 투자하는 것을 추천한다.

필자의 경우도 이러한 리스크를 인지하고 2개 종목을 월급을 받을 때마다 용돈 중 일부를 절약하여 소액 투자하고 있다.

알트코인에 대한 확신이 없는 투자자들의 경우라면 알트코인 투자 대신 비트코인과 이더리움 투자에 집중하고, 알트코인의 본격적인 상승이 시작되면 그때부터 알트코인에 투자해도 늦지 않는다고 생각한다.

필자의 경우 향후 살아남는 코인에 대한 구별 능력이 부족하다고 생각하기 때문에 이번 상승장까지 비트코인과 이더리움의 투자에 집중할 것이다. 그리고 알트코인 상승장 시기에만 알트코인에 적극적으로 투자할 예정이다.

12

새롭게 탄생된
알트코인에 주목하라

필자가 앞서 이야기한 것처럼 2017년에 주목받았던 대부분의 코인은 2021년 상승장에서 크게 상승하지 못한 경우가 많았다. 반면에 2017년 상승장 이후 새롭게 탄생한 디파이, NFT, 메타버스 관련 코인들은 매우 크게 상승하면서 알트코인의 상승장을 이끌었다.

그러다 보니 2017년에 기존 알트코인을 보유했던 투자자들에게는 상대적으로 상승장에 대한 느낌을 받지 못했고, 원하는 수익을 얻지 못하는 경우가 많이 발생했다.

필자도 2021년 알트코인 상승장이 지속하면서 기존에 좋게 평가받았던 코인들이 크게 상승하지 못했기 때문에 곧 상승할 것이라고 판단되어 투자했던 경험이 있다.

그러나 필자의 생각과 다르게 끝까지 상승하지 않았고, 하락이 시작되면서 결국 손실을 보고 매도했다.

다행히 필자의 경우 빠르게 손절매해서 손실을 최소화했지만, 대처하지 못했던 투자자들에게는 내가 보유한 코인만 상승하지 못한다는 상대적 박탈감이 찾아왔다.

알트코인의 상승장이 시작될 경우 기존에 상장되었던 알트코인들이 다시 한번 최고점을 돌파할 것이라는 희망으로 기존 알트코인에 투자하는 대신, 기존 상승장 이후 새롭게 상장된 알트코인이나 관심이 집중되는 알트코인에 투자하는 방법을 추천한다.

필자의 경우 현재까지 주목하고 있는 알트코인은 없다.

하지만 상승장 시기에 맞추어 알트코인에 투자해야 하기 때문에 다음 상승장 때 주목해서 봐야 할 알트코인들에 대한 기준은 마련하고 있다.

몇 가지 소개해보면 먼저 주식시장에 상장된 기업들과 연관된 알트코인들을 주목해볼 예정이다.

상장된 기업들과 연관된 알트코인을 주목해서 보는 이유는 이미 지난 2021년 상승장에서 이러한 움직임들이 시작되었기 때문이다.

2021년에 알트코인에서 큰 상승을 이끌었던 섹터 중 하나는 메타버스 관련 코인이었다. 메타버스에 대한 논란은 많았지만, 가격적인 측면으로만 살펴보면 메타버스와 관련된 주식들이 상승하면서 관련

된 알트코인들 또한 동시에 상승하는 특징을 보였다. 대표적인 예로 위메이드에서 발행한 위믹스 코인을 예를 들 수 있다.

위메이드 주식의 경우 2021년 1월 2만 원도 되지 않았던 가격에서 24만 원 정도까지 12배가 상승했으며, 위메이드에서 발행한 알트코인인 위믹스의 경우 2021년 1월 200~300원 사이의 가격에서 2만 8,000원까지 100배 가까운 상승을 기록했다.

현재 비트코인이 전통 금융시장으로 편입이 본격화되기 시작하면서 위메이드와 위믹스처럼 기존 주식시장에 상장된 주식들과 연관된 코인들과의 연관성은 더욱 높아질 것이라 예상되며, 큰 수익률을 가져다줄 가능성이 크다고 생각하고 있다. 그렇기 때문에 알트코인의 상승장 시기에 가장 주목받고 있는 주식시장의 섹터들을 파악해본 후 연관된 알트코인을 관심 있게 지켜볼 예정이다.

다음으로는 실물자산을 토큰화하는 RWA(Real World Asset)를 주목하고 있다. RWA를 주목해서 보는 이유는 비트코인이 제도권으로 편입되면서 기존 기업들이 코인을 발행할 수도 있지만, 새로운 코인을 발행하는 대신 기존의 자산들을 토큰화할 것으로 예상하고 있기 때문이다.

그 밖에도 새로운 기술을 바탕으로 투자자들에게 관심이 집중되고 있는 알트코인에 적극적으로 투자할 예정이다.

13

가벼울수록
멀리 날아간다

　필자가 알트코인을 선정하는 데 반드시 확인하는 것 중 하나는 바로 시가총액이다. 시가총액을 확인하는 이유는 시가총액이 지나치게 높을 경우 상승의 폭이 크지 않을 가능성이 있기 때문이다.

　물론 시가총액이 높은 코인이 계속해서 활용되고 관심이 높아진다면 시가총액이 낮은 코인보다 더 크게 상승할 가능성도 있기 때문에 같은 조건의 코인들이 있다면 시가총액을 비교해보고 투자하는 것을 추천한다.

　예를 들어 A라는 코인의 시가총액이 1조 원이고, B라는 코인의 시가총액이 1,000억 원이라고 가정해보자. A, B코인 모두 관심 있는 섹

터의 알트코인이라면 A코인의 시가총액이 B코인보다 10배 높기 때문에 A코인보다 B코인이 더 크게 상승할 가능성이 있다.

그렇기 때문에 필자는 알트코인에 투자하기 전에 항상 시가총액을 확인한다. 필자는 코인마켓캡(coinmarketcap.com) 사이트에서 시가총액을 확인하는데, 시가총액, 거래량, 거래를 지원하는 거래소 등 여러 가지 정보가 한국어로 잘 정리해 지원하고 있다.

투자자들마다 기준이 다르지만 필자의 경우 코인마켓캡을 이용하여 시가총액 50위까지 코인을 메이저 코인이라고 하고, 51~100위까지를 마이너 코인, 100위권 밖의 코인을 잡알트코인이라고 구분하고 있다.

**코인마켓캡
큐알코드**

이렇게 시가총액에 따라 메이저, 마이너, 잡알트코인으로 구분하는 이유는 투자하는 전략이 다르기 때문이다.

메이저 코인의 경우 암호화폐의 시장 분위기에 따라 다르지만 대부분 시가총액이 1조 원 이상 높은 수치를 기록하고 있다. 시가총액이 높은 만큼 다른 알트코인들에 비해 안정적이기는 하지만, 반대로 잡알트코인에 비해 높은 수익률을 기대하기는 어렵다. 그렇기 때문에 메이저 코인에 투자할 경우 2~5배 정도의 수익률을 예상하고 투자한다.

50위 밖의 마이너 코인과 잡알트코인의 경우 1조 원 이하의 시가총액인 경우가 많다. 이 경우에는 10배 이상의 수익률을 기대하면서 투자하고 있지만 매우 큰 변동성과 언제든지 상장폐지 될 가능성이 있다. 때문에 2배 이상의 수익이 발생하게 되면 반드시 전체 금액의 절반 이상을 매도한다.

매도하고 남은 금액은 이미 원금 이상을 회수하였기 때문에 상승장 끝까지 보유하거나, 잡알트의 경우 시가총액이 1조 원을 돌파해 2조 원까지 도달하는 경우는 거의 없다. 때문에 시가총액이 1조 원에 도달했다면 추가적인 매도를 진행하는 전략을 세우고 있다.

알트코인의 시가총액 확인을 강조하는 또 다른 이유는 시가총액을 확인하지 않고 상승장에서 알트코인에 투자했다가 손실을 보는 경우가 많이 발생하기 때문이다.

예를 들어 A코인이 상승하여 시가총액이 2,000억 원에서 2조 원이 되었다고 가정해보자. A코인이 다시 10배 상승해서 시가총액이 20조 원이 되기는 거의 불가능하다.

하지만 주변에서 A라는 코인으로 돈을 벌었다는 소식을 들으면서 뒤늦게 10배를 기대하면서 투자하게 된다. 하지만 현실은 2배 상승도 힘들다는 사실을 모른 채 상승할 것이라는 막연한 희망으로 버티다가 결국 하락장을 맞이하면서 큰 손실이 발생하게 된다.

상승장에서 특정 코인이 10배, 100배로 갈 것이라는 이야기들이 우리를 유혹할 것이다. 알트코인에 투자하기 전에 최소한 시가총액을 확인해본다면 10배, 100배의 상승이 터무니없는 이야기인지 아닌지 확인할 수 있을 것이다.

나의 인생을 바꿔준 코인
위믹스
– 팽돌이

    코인의 종류는 1만 개가 넘는다고 한다. 나에게 가장 사랑하는 코인을 선택하라고 한다면 주저하지 않고 위믹스 코인을 선택하겠다. 코인 자체가 좋고 나쁨을 떠나서 나에게 경제적 자유를 가져다준 코인이다. 정확하게 말하면 완전한 은퇴는 아니지만 여유 있게 일할 수 있을 정도의 자유를 가져다준 코인이 위믹스다. 그 많은 알트코인 중에서 왜 위믹스를 선택했는지, 알트코인인데도 불구하고 많은 금액을 투자한 이유를 설명하려고 한다.

    일단 성공한 사람들이 공통적으로 이야기하듯이 운이 좋았다. 가장 친한 친구가 게임회사에 다니는데 위메이드라는 게임회사에서 '미르4'라는 게임을 출시할 거라고 미리 알려주었다. 전문가 입장에서 게임이 너무 잘 만들어졌고, 게임이 성공한다면 위메이드 주식도 괜찮으니 주식을 조금이라도 사보라고 권유했다.

    위메이드에 다니는 친구도 아니고 동종업계에 있지만 정말 괜찮은 게임 같다고 이야기해주었다. 초등학생 때부터 알고 지낸 친구의 정보이니 신뢰할 수 있다고 판단하고 위메이드라는 회사를 공부해보기로 했다.

게임회사의 주가는 게임이 한 개만 성공하더라도 상승한다는 것을 알게 되었다. 나는 코인에 투자하는 사람이니까 위메이드 주식보다는 위믹스 코인을 매수하기로 했다. 물론 단기 투자가 아닌 1년을 바라보고 투자를 진행하려고 마음먹었다.

처음 600원에 위믹스 코인을 매입했다. 결과는 당연히 하락이었다. 400원까지 가격이 하락해서 물을 탔다. 이렇게 과감한 결정을 할 수 있었던 것은 대기업인 만든 코인이고, 근본 없는 다른 코인에 투자하는 것보다는 낫다고 생각했기 때문이다. 중간에 2배로 상승했다. 팔지 않았다.

오히려 불타기를 했다. 600원이던 코인이 1만 원이 되었다. 팔지 않았다. 또 불타기를 했다. 갑자기 2만 원을 넘었다. 이제는 판단의 순간이었다. 아직 비트코인 도미넌스와 여러 가지 지표가 매도는 아니었다. 최고점인 2만 8,000원에 매도하지 못했지만 2만 4,000원에 매도해서 나의 삶에서 볼 수 없는 수익률을 올렸다.

엄청난 수익률로 계좌가 늘어났지만, 투자에서 가장 힘든 것이 무엇일까? 믿기 힘들겠지만, 하락장에서 존버하는 것보다 상승하는 코인을 팔지 않고 버티는 것이 더 힘들다.

구메이저 코인을 통해
얻은 교훈
- 호필

2021년 3월, 봄이 시작되었지만 꽃샘추위가 찾아와 여전히 추운 날씨가 계속되고 있었다. 공기가 차갑지만 4년 만에 찾아온 상승장 덕분에 추위를 못 느꼈다. 차가운 공기와 다르게 암호화폐 시장은 따뜻하다 못해 투기 열기로 가득 차 있었다.

'내일은 어떤 코인이 올라갈까?'

'몇 번 더해야 목표 수익이지?'

'돈 벌면 뭐하지?'

희망으로 가득 차 있는 날이 계속되면서 하루하루 행복함을 느꼈다. 다음에 투자할 알트코인을 찾아보다가 2017년에 메이저 코인이었던 코인들이 상승하지 못하고 있다는 것을 발견했다.

에이다, 이오스, 비트코인캐시, 리플, 넴 모두 하나같이 2017년에 엄청난 상승으로 인하여 시가총액 상위를 기록했었지만 에이다를 제외하고 대부분 기존 고점에 절반도 가격을 회복하지 못하고 있었다.

그러다 보니 자연스럽게 시가총액이 낮아지면서 투자자들 사이에서 이제는 메이저 코인이 아니라 '구메이저 코인'이라고 불렸다.

'구메이저 코인'이라는 용어를 들으니 암호화폐 세대교체가 이루어졌다는 느낌을 받았다. 하지만 에이다가 기존 고점을 넘었기 때문에 다른 구메이저 코인들도 최소 전고점까지는 상승할 것이라는 기대감을 가지게 되었다. 그렇게 구메이저 코인의 투자 타이밍을 지켜보고 있는데 한 가지 불안한 요소가 눈에 보였다.

바로 김프!

김프가 조금씩 상승하더니 20%까지 도달했다. 김프를 보자 4년 전 규제에 대한 공포감이 떠올랐고, 일단 지켜보기로 했다.

며칠 뒤 은성수 금융감독원장의 규제 발언과 함께 김프가 빠지면서 암호화폐 시장 전체가 하락했다. 하지만 김프가 어느 정도 빠지게 되자 곧이어 알트코인들이 반등을 시작했다.

매수 타이밍을 놓쳤다는 생각과 함께 관심 있게 지켜보았던 구메이저 코인들에 투자했다. 하지만 생각과 달리 크게 상승하지 못했다. 오히려 기존에 상승했던 코인들만 계속해서 상승했다.

5월이 되자 중국에서 암호화폐 전면 금지 이슈와 미국에서 코로나 1차 접종이 빨라지면서 암호화폐 시장의 폭락이 찾아왔고, 결국 메이저 코인들은 손실을 보고 매도했다.

그 이후 구메이저 코인에 투자하지 않았다. 구메이저 코인은 상승장까지 끝내 큰 상승을 보이지 못했다. 개인적으로 다행이라고 생각되었던 것은 ICO에 대부분 투자되어 있었기 때문에 기존에 상장되어 있던 알트코인들을 가지고 있지 않았다. 그러다 보니 구메이저 코인에 대한 집착이 없었다.

ICO에서 돈을 다 잃었지만 그 덕분에 오히려 구메이저 코인에 투자하지 않을 수 있었다는 점이 슬프면서 웃겼다. 각종 커뮤니티에는 구메이저 코인으로 힘들어하는 투자자들의 글들이 올라왔다. 이러한 글들을 보면서 지금 좋다고 평가받았던 코인이 다음 상승장에서 전고점을 돌파할 가능성이 작다는 사실을 깨닫게 되었다.

암호화폐에 오랫동안 투자한 투자자 대부분이 돈을 벌었다고 생각했다. 하지만 암호화폐에서도 새로운 트렌드를 받아들이지 못하고, 과거의 상승에 대한 추억을 가지고 구메이저 코인 투자에 집중했던 투자자들은 오히려 손실을 보았을 것이다.

다음 상승장에서 수익률을 높이기 위해서는 새로운 트렌드를 빠르게 받아들이고 관심을 가져야 한다는 소중한 교훈을 구메이저 코인을 통해 얻게 되었다.

14

상승장은 길고
하락장은 짧다

지금까지 비트코인 반감기 속의 비트코인 사계절 겨울, 봄, 여름, 가을을 바탕으로 각 계절별로 어떻게 투자해야 하며, 무엇을 조심하고 어떤 심리가 작동하는지, 그리고 알트코인의 투자 전략들에 대해서 알아보았다.

이번에는 4년 주기 사이클을 바탕으로 '상승장은 짧고 하락장은 길다'라는 투자자들이 잘못 인식하고 있는 부분에 대해서 이야기해 보려고 한다.

비트코인의 사계절에 대해 설명한 후 투자자들에게 언제가 상승장인지 물어보면 대부분의 경우 여름이 끝나는 시점이나 가을이라고 하면서 하락장이 상승장보다 길다고 이야기한다. 그러나 비트코인의 사계절 차트에서 볼 수 있듯이 비트코인은 1년 동안 하락했고, 3년 동안 상승했다는 점을 확인할 수 있다. 즉 4년 주기를 통해 비트코인의 하락은 겨울에 해당하는 1년 정도의 하락 이후 꾸준히 상승하고 있다는 점을 알 수 있다.

15

상승장이 짧다고
느끼는 3가지 이유

비트코인의 하락은 4년 중에 1년이고 상승은 3년간 발생하지만 왜 대부분의 투자자가 상승장이 짧다고 생각할까? 이유는 크게 3가지가 있다.

첫째, 이미 높은 가격에서 비트코인을 매수한 경우 여름이 되어서 야 비로소 수익이 발생하기 때문이다. 높은 가격에서 매수한 투자자 들은 암호화폐 가을 시기에 처음 투자한 투자자들이 대부분일 것이 다. 그러다 보니 비트코인에 대한 신뢰가 매우 낮은 상황일 것이고, 다음 사이클을 기대하면서 추가적으로 비트코인을 매수하기란 쉽지 않은 것이 사실이다.

설사 매수 단가를 낮추기 위해 추가적인 매수를 진행했더라도 평균 매수 단가는 여전히 높은 상태에 머물러 있기 때문에 여름의 끝부분이나 가을이 되어서야 비로소 상승장이 왔음을 체감하게 된다.

둘째, 비트코인보다 알트코인에서의 손실이 많이 발생하기 때문이다. 비트코인의 하락장은 알트코인들의 연일 상승 축제가 끝나고 본격적으로 시작된다. 그러다 보니 대부분의 경우 알트코인을 보유하고 있는 상황에서 비트코인 겨울을 맞이하게 된다.

알트코인의 경우 하락이 시작되면 최고점 대비 90% 이상 하락하고, 95% 이상 하락하는 알트코인도 대부분이다.

만약 90% 하락의 경우 저점에서 1,000%가 상승해야 최고점을 회복하고, 95% 하락이 발생한 경우 2,000%가 상승해야 최고점을 회복한다. 하지만 앞서 살펴보았듯이 기존의 알트코인들은 상장폐지 될 가능성이 크고, 설사 상장폐지 되지 않더라도 큰 하락이 발생한 코인들 중에서 기존 고점을 회복하는 코인들은 많지 않다.

게다가 알트코인의 본격적으로 상승은 가을에 발생하기 때문에 알트코인의 상승장인 가을을 기준으로 짧은 기간 동안 상승했다고 생각하게 된다.

셋째, 투자자들의 암호화폐 투자금이 매우 낮기 때문이다.

금융위 금융정보분석원에 따르면 2021년 연말 기준 암호화폐 투자금의 비중을 살펴보면 100만 원 이하의 투자가 전체 56%를 차지하고 있으며, 100만~1,000만 원 이하가 29%, 1,000만 원 이하의 투자비율이 85%를 차지하고 있다. 그리고 1억 원 이상 투자비율이 2%가 되지 않는다고 발표했다.

투자금의 규모가 작은 상황에서 암호화폐에 대한 신뢰가 높지 않기 때문에 투자자 대부분은 소액 투자를 하면서 큰 수익률을 기대하는 경향이 강하다.

그러다 보니 비트코인 봄의 반등 기간에 2~3배 정도의 수익률이 발생했다 하더라도 만족하지 못하는 경향이 강하다.

예를 들어 100만 원을 투자했다고 가정해보자. 비트코인을 저점에서 잘 매수하여 2배의 수익률을 기록하면 100만 원의 수익금을 얻었음에도 불구하고 그전과 크게 달라지는 부분이 없다는 생각과 함께 큰 수익을 달성했다고 생각하지 않게 된다.

그러다 보니 비트코인보다는 알트코인에 집중하게 되고, 실제로 비트코인이 봄부터 상승했음에도 불구하고 크게 상승하는 여름과 가을에 비로소 상승한다고 생각하게 된다.

필자의 경우 비트코인의 두 번째 사이클에서는 비트코인보다는 알트코인 위주의 투자를 했기 때문에 상승장이 짧다고 생각했다. 그러다 보니 상승장이 끝나갈 무렵, 인지하고 있었음에도 상승장이 끝난다는 사실을 받아들이지 않았다. 그리고 이러한 외면이 결국에는 수익률을 크게 줄어들게 하는 결과를 가져오게 되었다.

지난 사이클의 교훈을 바탕으로 필자는 세 번째 사이클이 진행 중인 현재까지 비트코인 위주의 투자를 진행하고 있고, 비트코인의 상승을 몸으로 체감하고 있다.

만약 비트코인이 봄을 지나 여름의 기간이 왔는데도 비트코인의 상승을 체감하고 있지 못한다면, 앞에서 설명한 3가지 이유를 바탕으로 자신의 투자 상황을 한번 점검해보는 것을 추천한다.

우리의 일반적인 생각과 달리 비트코인의 하락은 짧고, 상승은 길다는 사실을 기억하자!

상승은 짧고
하락은 너무나 길다
– 팽돌이

2017년 찬 바람이 불기 시작할 무렵 지인의 소개로 처음 코인을 시작했다. 그때는 몰랐다, 그 시기가 상승의 끝자락이었다는 것을.

무지는 용기를 낳는다. 한 번의 성공 경험은 더 많은 실패를 불러온다는 것을 사람들은 잘 모른다. 그 세계를 완벽하게 이해하지 못한 채 발을 들이면 안 된다는 것도 실패를 통해 알게 되었다.

같이 일하는 지인이 비트코인 투자를 권유했을 때, 나는 시대에 뒤처지면 안 된다는 생각으로 빗썸에 입금했다. 세상에 이런 경험이 있을까.

아무도 믿지 않을 것이다. 마이너스 통장에서 2억 원을 출금해서 비트코인을 샀다. 단 하루 만에 얼마가 되었을까? 믿지 못할 일이 벌어졌다. 2억 원이던 원금이 4억 원이 되어 있었다. 말도 안 되었다. 하루 100% 수익에 2억 원 수익. 직원들 간에 논쟁이 벌어졌다.

반은 팔아야 한다. 아니다, 내일 더 오른다. 아니다, 전부 매도해야 한다. 지금 이런 경험을 한다면 나는 반만 매도했을 것이다. 올라도 좋고 떨어지면 더 사고. 경험이 전혀 없던 나는 그냥 안 팔기로 했다. 결과는 놀라웠다. 하루 만에 4억 원이 2억 3,000만 원이 되었다. 1억 7,000만 원이 사라진 것이다.

결과적으로는 3,000만 원 수익이었지만 마음은 왠지 손실이 커 보였다. 후회가 밀려왔다. 객관적으로 보면 이틀 만에 3,000만 원 수익이지만 마음 한편이 허전했다.

전부 매도했다. 그리고 '앞으로 큰 금액은 투자하지 말아야겠구나' 라고 생각했다.

원칙도 없이 이 코인 저 코인을 사고팔았다. 하지만 이상하게도 장은 상승장인데 나의 잔고는 줄어만 갔다. 갑자기 한국에서 거래소를 폐쇄한다는 이야기가 나왔다. 코인이 급락하기 시작했다. 이제부터는 하락장의 시작이었다. 코린이였던 나는 아무것도 알지 못한 채 그 하락을 맞이했다.

2018년부터 시작한 하락은 2019년까지 계속되었다. 다른 사람은 어떻게 느끼는지 몰라도 나는 2020년 여름까지도 전혀 상승이라고 생각하지 않았다.

계좌는 늘 그대로였고, 어느 코인에 투자할지 몰라 비트코인과 이더리움 위주로 투자를 했다.

중간에 위믹스와 클레이튼 코인에 투자를 시작했다. 하지만 내가 생각하기에 4년을 한 주기로 본다면 3년 6개월은 하락 내지 횡보이고, 6개월만 상승장인 것 같다. 그 6개월의 행복을 위해 투자하는 것이 아닐까?

문제는 상승장에도 신경 쓰여서 많이 행복하지 않다는 것이다.

왜냐하면 하루에 차 한 대가 생겼다가 차 한 대가 없어지는 일이 반복되기 때문이다.

다음 상승장을
기약하며
- 호필

2022년 1월, 코인 투자를 시작하고 가장 편안한 마음으로 새해를 맞이했다. 그리고 지난 5년간의 투자를 되돌아보았다.

암호화폐 입문, ICO에 빠져 있었던 순간, 지옥 같았던 하락의 경험, 스승님과의 만남, 상승장에서의 다이내믹한 경험들이 생각났다.

4년 주기 사이클이 끝난 지금, 다시 새롭게 시작하기로 마음먹었다. 하지만 불과 한 달 전까지 진행되었던 상승장에 미련이 많이 남았다.

'미련이 남는 이유는 무엇일까?'
'돈을 많이 못 벌어서?'

미련이 남았던 근본적인 이유는 상승장이 짧게 느껴졌기 때문이라는 생각이 들었다.

그렇다면 왜 상승장이 짧게 느껴졌을까?

많은 이유가 있겠지만 투자자로서의 마인드가 제대로 정립되지 않은 상태에서 투자를 시작했기 때문이라는 생각이 들었다.

주식투자도 해보지 않았던 사회 초년생이 그저 부자가 될 것이라는 막연한 희망을 가지고 비트코인 투자를 시작했다.

상승장에서 투자하다 보니 처음에는 수익을 보는 듯했지만 얼마 지나지 않아 손실이 발생했다.

손실이 발생하자 한 번에 복구하겠다는 생각으로 무리해서 ICO와 알트코인에 투자했지만 오히려 더 큰 손실이 발생했다. 그러다 보니 상승장을 느낀 것은 5년 중에 불과 2~3개월뿐이었다.

미련이 많이 남은 이유도 상승장에서 많은 실수와 함께 상승장이 짧았다고 느꼈기 때문이라는 결론이 나왔다.

이러한 실수를 두 번 다시 경험하고 싶지 않아, 다음 상승장까지의 목표를 '같은 실수를 반복하지 말자'라고 정했다.

2022년 암호화폐 시장에 다시 추운 겨울이 찾아왔고, 2023년과 함께 봄이 시작되었다.

4년 전과 같은 사이클이었지만 나에게는 전혀 다르게 다가왔다.

지옥 같았던 2018년, 2019년과 달리 2022년과 2023년은 너무 편안하게 투자했다. 편하게 투자하니 자연스럽게 '하락은 짧고 상승은 길다'는 점을 체감하게 되었다.

4년 전과 비교해 변화된 것은 과거의 경험을 바탕으로 '같은 실수를 반복하지 말자'라는 투자 원칙을 지켰다는 점이다.

지금까지는 큰 실수 없이 투자하고 있지만 다음 상승장까지 실수 없이 투자하는 것은 불가능하다는 것을 잘 알고 있다.

하지만 실수했다고 해서 자책하거나 과거에 미련을 갖고 집착하지 않을 것이다. 그 대신 왜 이러한 실수가 발생하게 되었고, 앞으로 같은 실수를 반복하지 않기 위해서는 무엇을 해야 할지에 대해서만 생각할 것이다. 같은 실수만 하지 않는다면 수익률은 저절로 따라오게 될 것이 분명하기 때문이다.

'같은 실수를 반복하지 말자'라는 원칙을 가지고 오늘도 여유롭게 다음 상승장까지 기다려본다.

5장

암호화폐 미래

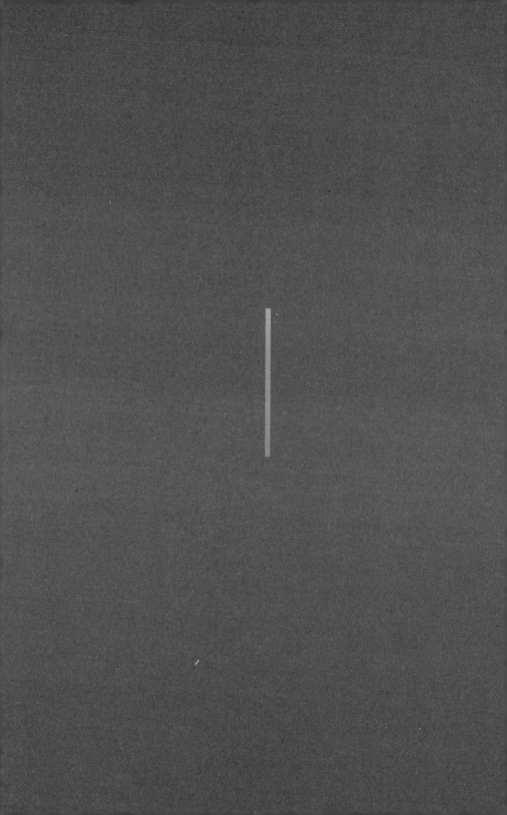

01

4년 주기는 영원할 것인가: 새로운 사이클의 탄생 가능성

앞서 3장에 비트코인에 대한 투자 전략의 중점을 비트코인의 4년 주기 사이클에 맞추어 분석했다. 그렇다면 이번 세 번째 사이클이 끝나고 네 번째 사이클에서도 같은 사이클로 움직일지에 대해 깊은 고민이 필요하다.

필자의 개인적인 추측으로는 30:70으로 다음 네 번째 사이클이 같은 방법으로 작용할 확률은 30% 정도로 추측하고 있다.

4년 주기 사이클이 한 번 더 적용할 가능성에 대한 이유는 비트코인이 제도권으로 본격적인 편입을 앞두고 있지만, 증권사나 은행 등에서 당장 활발하게 거래되기는 어렵기 때문이다.

게다가 아직까지 비트코인에 대한 부정적 인식이 강하고, 일부 투자자를 제외하고 대부분의 경우 잘 모르고 있기 때문이다.

세 번째 사이클이 지난 상황에서도 여전히 4년 주기 사이클에 대한 인식이 낮고, 비트코인에 대한 인식이 부정적일 경우 낮은 확률로 기존의 사이클이 한 번 더 작동할 가능성도 남아 있다.

하지만 반대로 생각해보면 4년 주기에 대한 인식이 여전히 낮더라도 다른 이유로 기존과 같은 사이클처럼 움직이지 않을 가능성도 크다.

필자가 비트코인의 사계절을 2013년 12월부터 분석한 이유는 암호화폐가 거래소에서 충분히 거래가 발생한 시기와 맞추어 분석했다. 마찬가지로 암호화폐가 제도권 편입이라는 새로운 시기를 맞이하게 되면서 새로운 사이클이 시작될 수 있다.

설사 기관들이 사이클을 만들지 않더라도 과거의 4년 주기 사이클과 다르게 움직일 가능성도 있다.

비트코인이 본격적으로 제도화되면 기관들이 유입되면서 이번 사이클의 상승장에서 기관들이 주도하는 장세가 펼쳐질 수도 있다.

그러다 보면 예상보다 더 큰 상승이 발생할 수도 있고, 버블이 발생하게 되면 긴 하락이 시작되면서 기존의 사이클과 다른 움직임이 나타날 수 있다.

결국 비트코인이 전통 금융시장에 편입되기 시작하면서 다양한 변수들이 존재할 가능성이 크고, 이러한 변수들로 인하여 앞으로 비트코인의 가격이 4년 주기 사이클에 맞추어 움직이지 않을 수도 있다고 생각한다.

4년 주기 사이클 판단 기준

비트코인 4년 주기가 지속할 것인지 이야기해보았다.

그렇다면 4년 주기 사이클이 작동하는지에 대한 판단 기준은 무엇일까? 필자가 생각하고 있는 판단 기준은 비트코인 사계절 사이클에서 비트코인 상승/하락 폭보다는 각 계절별로 소요하는 기간에서 벗어나는지를 주목해볼 것이다.

그러나 비트코인 4년 주기를 계절별로 분석에 있어 공통점은 가격에 대한 상승/하락 폭은 다르더라도 계절별 기간은 유지된다는 점이다. 예를 들어 비트코인 겨울은 비트코인이 최고점을 찍고 최저점까지 12개월 정도의 기간을 말한다.

만약 비트코인의 하락장이 시작되면서 최고점에서 최저점까지 18개월이 걸렸다면, 비트코인의 4년 주기 사이클이 작동되지 않았다고 할 수 있다.

이처럼 비트코인 사계절에서 정해진 기간을 크게 벗어나면 지금까지의 4년 주기 사이클과 다르게 움직이고 있다는 신호가 될 수 있다. 아직까지 4년 주기 사이클이 과거와 같은 흐름으로 움직이고 있어 이번 상승장까지는 비슷한 패턴을 보일 가능성이 크다고 생각하고 있다.

하지만 비트코인 현물 ETF와 함께 비트코인의 관심이 높아지면서 생각보다 큰 상승이 발생하게 된다면 빠르면 비트코인이 이번 세 번째 사이클의 여름이 예정되어 있는 네 번째 반감기나 2024년 하반기부터 4년 주기 사이클을 벗어날 가능성도 있다.

그렇기 때문에 필자의 계획은 비트코인이 과거 4년 주기 사이클에 맞추어 움직이고 있는지 계속해서 지켜볼 것이다. 그리고 4년 주기 사이클이 기존처럼 움직이고 있으면 사이클에 맞추어 기존 투자 전략대로 투자를 진행할 예정이다.

반대로 사계절 사이클 기간이 맞지 않는다면 거시적인 경제 상황, 암호화폐의 시장 상황 등 여러 가지 요소를 종합해서 새로운 전략을 계획할 예정이다.

비트코인의 4년 주기 사이클이 계속되는지, 사이클에서 벗어나는지에 상관없이 비트코인이 상승할 것이라는 관점은 변함이 없다.

03

제2의 애플, 구글,
아마존을 찾아서

전문가들의 경우 비트코인이 2030년까지 10억 원, 100억 원 등 다양한 전망을 하고 있다. 장기적인 관점에서 비트코인에 투자하는 것은 물론 중요하고, 필자도 장기적인 관점의 투자를 중요하게 생각해왔다.

하지만 필자의 경우 5년, 10년, 20년의 매우 긴 장기적인 관점에서의 투자보다 이번 세 번째 사이클 상승장에서 수익을 내는 것에 집중하려고 한다.

이러한 이유는 개인투자자가 쉽게 암호화폐로 돈을 벌 수 있는 마지막 기회일 수도 있고, 제도권 편입과 함께 암호화폐 시장이 기존처럼 큰 변동성을 보이지 않을 수도 있기 때문이다.

필자의 이러한 의견에 동의하지 않고 비트코인이 10억 원, 100억 원까지 갈 것이라고 확신하는 투자자들도 있을 것이다.

장기적인 관점을 가지고 투자하는 분들이라도 이번 상승장에서 최소한 투자 원금은 회수하는 것을 권한다.

2030년까지는 생각보다 긴 시간이며, 그 사이에 비트코인 가격 변동성을 이겨내는 데 있어 수익금으로 투자하는 것과 그렇지 않은 투자에서 발생하는 심리적 측면에서 엄청난 차이가 나기 때문이다.

2025년 이후에도 필자는 비트코인에 계속해서 투자하겠지만 지금보다는 비중을 줄이고, 새롭게 탄생하는 암호화폐에 주목해보려는 계획을 가지고 있다.

암호화폐가 전통 금융시장에 편입되고 난 이후 대기업을 비롯한 많은 새로운 스타트업을 통해 암호화폐 기업이 생겨나게 될 것이다. 그리고 이 과정에서 우리의 일상생활에서 활용할 수 있는 암호화폐가 탄생하면서 제2의 애플, 구글, 아마존 같은 새로운 혁신 기업들이 나타날 것이라고 확신하고 있다. 때문에 2025년 이후에는 암호화폐에 대한 지속적인 관심과 함께 새롭게 탄생할 암호화폐 조금 더 집중해볼 예정이다.

우리의 일상을 변화시킬 새로운 암호화폐 기술은 시간이 걸리더라도 언젠가는 탄생할 것이다.

04

비트코인을 둘러싼 논쟁과 이슈: 비트코인은 화폐일까, 자산일까?

비트코인을 둘러싼 다양한 논쟁과 이슈들이 지금도 계속되고 있고 다양한 논의도 아직 진행 중에 있다. 이러한 이슈들은 당장 결론을 내릴 수 없고, 오랜 시간이 지난 뒤에 확인이 가능할 것이다. 그렇기 때문에 필자의 생각과는 전혀 다른 방향으로 흘러갈 가능성도 있지만, 비트코인을 둘러싼 다양한 논쟁과 이슈들에 대하여 필자가 현재 가지고 있는 생각에 대해서 이야기해보도록 하겠다.

먼저 '비트코인은 화폐일까, 자산일까?'라는 질문이다.

필자의 의견으로는 비트코인은 현재 화폐로서의 가치보다는 자산으로서의 가치로 인정받고 있다고 생각한다. 필자가 처음 비트코인에 투자했을 시기인 2017년까지만 하더라도 탈중앙화 화폐로서 비트코인이 사용될 것이라는 믿음이 있었다.

실제로 2017년 상승장 시기에는 비트코인으로 결제하는 매장들이 일시적으로 생겨나는 등 화폐로서의 가치에 대한 기대감이 높은 상황이었다. 하지만 너무 느린 속도와 확장성의 한계로 인하여 결제 기능을 하기에는 무리가 있으며, 지금은 비트코인으로 결제하는 매장을 거의 찾아볼 수 없다.

속도와 확장성의 한계를 해결하더라도 비트코인 가격이 실시간으로 크게 변동한다는 또 다른 문제점이 남아 있다. 예를 들어 100만 원을 결제했는데 결제 후에 비트코인이 1% 상승했다고 가정해보자. 결과적으로 물건을 1만 원 더 비싸게 사게 되는 경우도 발생하게 된다.

비트코인이 먼 훗날 채굴량인 2,100만 개가 거의 다 채굴되고 비트코인 가격의 변동이 거의 없는 시절이 오게 된다면 화폐로서의 가치가 주목받을 수도 있다. 하지만 가격이 실시간으로 크게 변하는 현재, 화폐로서의 가치보다는 자산으로서의 가치를 주목해야 할 것이다.

이러한 비트코인의 가격 변동을 보완해서 만든 코인이 스테이블코인이며, 대표적인 스테이블코인으로는 테더(USDT)*와 JP모

• 테더
비트코인이나 이더리움과 같은 변동성이 큰 가상화폐와 달리 블록체인을 통해 자산을 지원하는 스테이블코인. 가치를 1:1로 연동시킨 코인으로 미국 달러와 동일한 가치를 가지는 안정화 토큰이다.

건 자회사 서클에서 발행한 USDC**가 있다.

USDT와 USDC는 달러와 1:1 페그되어 있으며, 스테이블코인의 가장 주된 목적은 비트

•• USDC
테더에 이은 시가총액 2위 스테이
블코인

코인을 비롯한 암호화폐를 매수하기 위해 발행된 것이다. 즉 스테이블코인의 발행 목적을 통해 알 수 있는 점은 비트코인이 화폐로서의 가치보다는 비트코인이라는 자산을 보유하기 위한 수단으로 사용되었다는 점이다.

그밖에도 미국의 연방준비제도(FED) 의장인 파월도 청문회에서 비트코인을 자산으로서의 가치를 인정하고 있으며, 블랙록을 비롯한 많은 기관이 비트코인 현물 EFT를 신청하는 등 비트코인을 화폐가치보다 자산가치로 인정하는 분위기가 형성되고 있다.

이러한 이유로 필자는 비트코인이 화폐의 가치를 가지고 상승했던 시기는 2017년 이후 끝났다고 생각하고 있으며, 2021년 상승장부터는 비트코인은 화폐보다는 자산 가치로 상승했다. 앞으로도 계속해서 자산 가치가 더 주목받을 것으로 생각하고 있다.

05

자산으로서
비트코인의 가치

비트코인에 대한 가장 큰 비판 중 하나는 비트코인이 사용가치가 없다는 점이다. 이러한 비판에 대해서 비트코인에 대한 여러 가지 가치에 대한 이야기가 있지만, 이번에는 금융 측면에서 비트코인의 가치에 대해 이야기해보도록 하겠다.

2008년 금융위기가 발생하자 연준은 경기 부양을 위해 양적완화를 시행했다. 양적완화를 시행할 당시 양적완화로 인해 엄청난 인플레이션이 발생할 것이라는 경제학자들의 경고와는 달리 오히려 디플레이션에 빠지게 되었다. 디플레이션으로 가게 된 이유는 중국에서 값싸게 물건을 공급한 이유가 크게 작용했다.

하지만 여기서 주목해야 할 부분은 물가에서는 디플레이션이 발생했지만 자산시장에서는 인플레이션이 왔다는 점이다. 즉 물가의 디플레이션이라는 가면 속에서 물가에 포함되지 않은 부동산, 주식 등 자산시장의 가격은 꾸준하게 상승해왔다.

2020년 코로나 팬데믹 이후 과거보다 더 많은 양적완화가 시행되었고, 주식과 부동산이 엄청난 상승을 가져왔다.

현재 연준(연방준비제도)이 인플레이션을 잡기 위해 긴축적인 정책을 시행하고 있지만, 향후 또 다른 위기가 온다면 연준은 기존보다 더 강한 정책을 시행할 것이다.

이러한 정책이 발생하게 된다면 주식시장과 부동산은 또다시 상승할 것이다. 하지만 한 가지 문제는 주식과 부동산 시장만으로 이러한 유동성을 흡수하는 데 한계가 있다는 점이다.

이러한 문제를 보완해주는 하나의 방법으로 비트코인을 제도권으로 편입시켜 새로운 자산시장을 만들어 유동성을 흡수할 수 있는 새로운 창구를 만드는 것이다.

쉽게 이야기하면 물이 넘치는 상황에서 새로운 물통을 추가한다면 물이 넘치는 상황을 막을 수 있을 것이다. 암호화폐 시장이 새로운 물통이 될 것이다.

06

달러의 패권을
강화하는 비트코인

비트코인의 많은 음모론 중 하나는 비트코인이 달러를 대체해 새로운 패권 통화가 될 것이라는 주장이다. 이러한 주장에 대해 살펴보면 달러 발행으로 인해 달러의 패권이 결국 무너지면서 새로운 통화로 대체할 것인데, 그것이 바로 비트코인이 될 것이라는 주장이다.

하지만 앞서 이야기했듯이 비트코인은 화폐의 가치보다는 자산의 가치에 주목해야 한다. 만약 비트코인이 달러를 위협하게 된다면, 미국에서는 비트코인을 제한하는 등 오히려 비트코인이 살아남지 못할 가능성이 커지게 된다.

달러를 대체해 비트코인이 기축통화가 될 것이라는 주장과 반대로 필자는 비트코인이 미국의 제도권에 편입되면 비트코인이 새로운 달러의 확보 수단과 달러 패권의 강화에 활용될 것이라고 생각한다.

은행 거래가 비교적 쉬운 우리나라의 경우 달러를 구매하기 쉬운 편이지만, 전쟁이 발발한 국가나 은행 이용이 어려운 나라에서 개인들이 달러를 구하기란 매우 어렵다.

하지만 핸드폰만 있으면 비트코인의 전송과 교환이 가능하기 때문에, 은행을 이용하지 못하더라도 비트코인을 가지고 있다면 간접적으로 달러를 확보할 수 있게 된다.

이러한 점을 고려해보았을 때 비트코인이 기축통화가 되기보다는 은행 시스템이 구축되지 않은 나라에서 비트코인이 달러 확보 수단으로 활용되면서 달러 사용의 확대를 가져올 것이고, 달러의 패권을 강하게 만드는 요인으로 작용할 것이라고 생각한다.

07

CBDC가 출시되면
비트코인은 폭락할까?

다음으로 살펴볼 이슈는 'CBDC가 나오면 비트코인은 폭락할 것인가?'라는 이슈이다.

CBDC*란 각국의 중앙은행에서 발행해 법적 통화 효력을 가진 디지털 화폐로 미국의 연준, 우리나라는 한국은행에서 CBDC에 대한 다양한 연구가 계속되고 있으며, 도입을 준비하고 있다. 앞서 설명한 스테이블코인과 CBDC의 가장 큰 차이점은 스테이블코인은 민간기업에서 발행되는 반면, CBDC는 각국의 중앙은행에서 발행된다는 점이다.

• CBDC(중앙은행 디지털 화폐)
중앙은행이 발행하며 지위가 현금과 동일한 전자 형태 화폐. 비트코인과 같이 블록체인 기술에 기반을 두고 있지만 가치가 고정돼 있고, 중앙은행이 이를 보증한다는 점에 차이가 있다.

CBDC는 스테이블코인과 마찬가지로 법정통화와 같은 가치를 지니고 있기 때문에 가격 변동성이 없어 비트코인을 대신해 디지털 화폐로 사용될 것이다. 그러다 보니 자연스럽게 CBDC가 출시되면 비트코인은 더 이상 쓸모없어질 것이라는 주장이 나오게 된 것이다.

하지만 이러한 주장은 비트코인을 화폐 가치로만 국한해 주장한 이야기라고 생각한다. 앞서 이야기한 것처럼 비트코인은 화폐 가치보다는 자산으로서의 가치에 더 집중해야 하므로 CBDC가 나온다고 비트코인이 하락한다는 주장을 받아들이기 어렵다.

필자는 CBDC가 발행되기 시작하는 초기에는 오히려 비트코인이 더 상승할 가능성이 크다고 생각한다.

CBDC가 발행되었다고 가정했을 때, 여러분은 CBDC를 사용할 것인가? 우리나라에서 현재 사용되고 있는 지역화폐를 떠올려보자. 지역화폐가 처음 도입될 당시 활발하게 사용되지 않았다.

그 이유는 기존의 카드결제라는 편리한 방법이 있기 때문이다. 게다가 초기에는 지역화폐 가맹점에서만 사용이 가능했기 때문에 굳이 사용하려고 하지 않았다.

그러다 보니 지역화폐의 사용률을 높이기 위해 가맹점 수를 늘리고, 카드결제처럼 편리하게 사용하도록 만드는 방법을 도입했다.

지역화폐의 사용이 활발해지기 시작한 것은 정부에서 재난지원금을 지역화폐로 지원해주고, 지역화폐 구매 시 할인된 금액으로 구매할 수 있게 하면서부터다. 즉 어떠한 혜택이 없다면 굳이 편리하게 결제 가능한 기존의 금융 시스템을 대신해서 사용할 필요가 없다.

같은 이유로 CBDC 사용에 아무런 혜택이 없다면 굳이 기존의 금융 시스템을 대신해서 CBDC를 사용할 필요가 없다.

그렇기 때문에 CBDC 상용화에 있어 다양한 사용처를 만드는 것이 무엇보다 중요하다. 이러한 점을 잘 알고 있는 한국은행에서는 CBDC를 통해 디지털 자산의 거래를 지원할 예정이라고 밝혔다.

암호화폐 자산 거래가 아닌 디지털 자산의 거래라는 점을 강조했지만, 결국 디지털 자산의 거래가 암호화폐와 연결되어 있다. 때문에 CBDC의 발행이 오히려 비트코인에 긍정적인 영향을 줄 것이다.

또한 CBDC를 통해 암호화폐 등 자산 거래에 활용된다면 CBDC를 상용화하는 가장 빠른 방법이기 때문에 CBDC가 암호화폐 거래에 사용될 가능성도 크다고 생각한다.

이러한 이유로 CBDC가 발행되는 초기 비트코인을 비롯한 암호화폐 시장이 오히려 더 활발해질 가능성이 크다. 게다가 지금 당장 CBDC를 도입하고 사용하기까지는 아직 몇 년의 시간이 남아 있기 때문에 당분간 CBDC 발행에 따른 비트코인의 가격을 걱정할 필요는 없다고 생각한다.

08

비트코인의 새로운 시대는
이미 시작되었다

비트코인의 탄생에 대한 일반적인 의견으로는 2008년 금융위기 직후 기존 금융제도에 대한 불신으로 2009년 탈중앙화 화폐인 비트코인이 탄생했다고 주장한다.

실제로 비트코인이 탄생한 초기에 탈중앙성 덕분에 비트코인이 상승하고 발전했다. 하지만 아이러니하게도 시간이 흐를수록 저금리와 함께 엄청난 유동성 덕분에 비트코인은 더욱 크게 상승했다.

이러한 모습을 보고 있으면 전통 금융권의 불신으로 비트코인이 탄생한 것이 아니라, 반대로 양적완화를 예상하고 비트코인이 탄생한 것이라고 생각된다.

비트코인의 탄생 배경과 상관없이 비트코인 현물 ETF와 함께 비트코인이 중앙화된 금융제도에서 꽃을 피울 것이라는 점은 분명해지고 있다. 이러한 과정에서 비트코인은 달러를 대체할 것이 아니라 오히려 달러의 패권을 강화할 것이고, 미국의 금융 패권을 더욱 강하게 만들 것이다.

대기업들의 비트코인과 암호화폐에 대한 투자와 새로운 기술 개발로 일상생활에서 사용될 코인이 탄생할 것이다.

자산 포트폴리오에 비트코인에 대한 투자가 새롭게 편입될 것이고, 점차 확대될 것이다. 그러기 위해서는 비트코인과 암호화폐의 시장을 더욱 크게 키워야 하고, 그 과정에서 비트코인은 상승할 수밖에 없다.

그럼에도 불구하고 우리는 '비트코인을 잘 모른다, 받아들이기 싫다'라는 이유만으로 비트코인을 사기, 도박, 투기에 비유하며 애써 외면하려고 한다. 비트코인을 비판하고 외면하고 있는 사이, 비트코인의 거대한 변화는 이미 시작되고 있다.

언제까지 지켜만 보고 있을 것인가?

비트코인의 새로운 시대의 시작과 함께 우리 모두의 눈앞에 부의 기회가 찾아왔다.

비트코인을 통해
얻게 된 한 단어
- 호필

2018년 어느 날, 핸드폰 알람이 울리면서 하루가 시작되었다. 딱히 다른 이유가 있는 것도 아닌데 회사에 가는 게 너무 싫다.

비트코인으로 돈만 벌면 바로 그만둘 것이라고 생각하면서 억지로 출근한다.

회사에서도 별거 아닌데 화나고 짜증이 났다. 최대한 감정을 감추려고 노력했지만 어쩔 수 없이 티가 났다.

2022년 어느 날, 핸드폰 알림 소리와 함께 새로운 하루가 시작되었다.

회사 출근에 압박이 없다.

회사에 출근해서도 마음이 편하다.

예상치 못한 일이나 힘든 일이 찾아오더라도 크게 화를 내거나 짜증을 내지 않는다.

4년 전과 다른 사람이 되어 있는 내가 신기하다.

'무엇이 달라졌을까? 돈 때문일까?'

돈을 많이 벌지 못했으므로 물질적인 풍요 때문은 아닌 것 같다.

하지만 돈에 대한 태도는 크게 달라졌다.

더 이상 돈 버는 것에 초조해하지 않는다. 한방에 부자가 될 것이라고 생각하지 않는다.

단지 꾸준히 투자하고 하루하루 열심히 살아가다 보면 돈은 자연스럽게 따라올 것이라는 확신만 있다.

'무엇이 나를 이렇게 변화시켰을까?'

이러한 질문에 답은 '행복이란 무엇일까'라는 주제의 독서 토론을 통해 알게 되었다.

토론 진행자가 나에게 물었다.

"호필 님은 언제 행복하신가요?"

"주도권이 있으면 행복하다고 생각합니다."

'주도권'이라는 예상하지 못한 단어가 자연스럽게 나왔다.

독서 토론이 끝난 후 '주도권'이라는 단어가 머릿속을 떠나지 않았다. 주도권이란 단어를 바탕으로 과거의 투자와 현재의 투자를 비교해보았다.

비트코인 처음 투자했던 시기에는 나에게 주도권이 없었다.

그러다 보니 한방을 노리고 ICO와 알트코인에 무모하게 투자했고, 상승장에서도 돈만 쫓아다니다 보니 후회와 아쉬움만 남았다.

하지만 과거의 경험을 바탕으로 주도권을 가지고 새롭게 투자를 시작하고 있는 지금, 과거와 달리 너무 편안하게 투자하고 있다.

비트코인 투자에 성공한 투자자들의 공통적인 특징을 살펴보면 역시 투자에 주도권을 가지고 있다는 점을 발견할 수 있었다.

이러한 사실을 통해 비트코인을 통해 얻은 것은 '돈'이 아니라 '주도권'이었다는 사실을 마침내 깨닫게 되었다.

행복한 삶은 꿈꾸면서 오늘도 주도권이 나에게 있는지 생각해본다.

우리가 투자로
성공해야 하는 이유
– 팽돌이

투자해서 돈을 벌고 성공하고 싶은 이유는 행복해지기 위해서가
아닐까? 그러면 행복이라는 것은 무엇일까? 사람마다 성공의 정의와
행복의 정의가 다르다. 행복에 관한 책을 여러 권 읽어 보았지만 대
부분 주관적인 만족이라는 애매한 기준만 있다는 것을 알게 되었다.

사실 개인적인 생각으로도 언제 내가 가장 행복한 상태인지 모르
겠고, 무엇을 해야 행복한지 모를 때가 있다. 그래서 나름 객관적인
기준을 가지고 행복 사분면이라는 것을 생각해보았다. 우리가 돈만
있다고 행복한 것은 아니지만, 돈이 없으면 불행한 것은 사실인 것
같다.

우리는 대부분 하고 싶은 일을 하면 행복해한다. 여행, 취미, 휴식
같이 하고 싶은 일들을 하기 위해서 하기 싫은 노동을 통해 돈을 벌
어야 한다. 결론은 사람은 하고 싶은 일을 할 때 행복해하고, 하기 싫
은 일을 할 때 불행하다는 것이다. 반대로 하기 싫은 일을 하지 않을

때 행복하고, 하고 싶은 일을 하지 못할 때 불행하다는 것을 알게 되었다.

그래서 나는 성공 사분면이라는 것을 생각해보았다.

세로축은 주도권(능동성)의 축이고, 가로축은 의지(자율성)의 영역으로 나누었다.

| 성공 사분면 그림 |

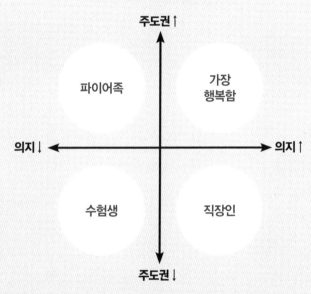

1사분면: 가장 행복한 상태

1사분면은 내 의지대로 하고 싶은 것을 할 수 있고, 하기 싫은 것을 하지 않을 수 있는 상태로 4개 영역 중에서 가장 행복한 상태라고 할 수 있다. 사고 싶을 것을 사고, 하고 싶은 체험을 하고, 내가 하고 싶은 일을 하고 싶은 시간에 할 수 있다면 행복하지 않을까? 하고 싶은 것을 하려면, 우리는 무엇이 필요할까? 물론 돈이 필요하다.

돈이 있으면 선택의 기회가 많아지고 범위가 넓어진다. 돈이 행복의 전부는 아니지만, 돈이 없다면 불행한 것은 사실이다. 돈으로 내가족을 행복하게 할 방법도 많다.

하지만 더 중요한 것이 있다. 당연히 건강이다. 여행을 가고 싶어도 몸이 좋지 않다면 장거리 여행을 할 수 없다. 건강에는 마음 건강도 포함된다.

내 주변에는 생각보다 폐소공포증이 심한 사람이 많다. 이런 사람들은 비행기도 타지 못하고, 기차의 창문 좌석은 답답해서 앉지 못한다. 당연히 건강 진단에 필요한 MRI 촬영도 하기 힘들다.

우리는 부자와 행복에 대해 다시 정의할 필요가 있다.

내가 생각하는 부자는 돈도 많고, 시간도 많고, 건강해야 진정한 부자라고 생각한다. 3가지 중 하나라도 결핍된다면 부자일까?

3가지를 모두 가지고 있다면 행복할 확률이 높아진다.

왜냐하면 3가지를 모두 가진 사람은 자신이 행복하다고 생각하는 일들을 바로 실행할 수 있기 때문이다.

따라서 내가 생각하는 가장 행복한 삶이란 내가 하고 싶은 일을 하고, 하고 싶을 때 언제든지 할 수 있는 시간과 돈, 건강이 모두 갖추어졌을 때가 가장 행복한 삶이라고 생각한다.

여기에 중요한 하나를 추가하자면 사람들과의 좋은 관계일 것이다. 사람은 혼자 살 수 없다. 사람이 싫고, 사람에게 시달리기도 하지만 사람과의 관계가 좋아야 행복할 수 있다.

그런데 이상하게도 부자들은 오히려 마음에 여유가 있고 모든 일에서 관계를 더 잘 맺는 것 같다. 물질의 여유와 마음의 여유도 많은 관련이 있는 듯하다.

2사분면: 파이어족

2사분면은 하기 싫은 일을 하지 않을 정도의 여유와 자유는 있지만 의지가 없는 상태이다.

난 지금이 인생의 어느 때보다 행복하다. 돈이 많아서, 건강해서, 사랑해서. 그런 것보다는 내 인생을 내가 조절할 수 있어서가 아닐까?

은퇴했다가 다시 복귀했다. 은퇴 자금을 잘못 계산한 것과 생각지도 못했던 인플레이션, 무엇보다 집안일만 하다 보면 눈치도 보이고 자존감이 떨어진다.

주 6일, 17년 동안 근무했더니 시간이 너무 많이 남는다. 오전에 헬스를 하고 다들 출근하고 학교에 간 후 나 혼자 점심을 먹는다. 친

구들을 찾아가 점심 먹는 것도 한두 번이지 눈치가 보였다. '아, 내가 이렇게 친구가 없나.' 하지만 왜 행복하냐면, 건강을 해치면서 일하던 그때보다는 행복하다고 생각하기 때문이다.

시간 부자인 나는 일정을 내 맘대로 조절할 수 있다. 무엇보다 진상 환자들을 만나지 않아도 되니 행복하다. 불편한 자리에서 착한 척하면서 사람들을 만나지 않아서 행복하다.

사랑니를 뽑다가 오른쪽 팔꿈치 인대가 손상될 정도로 일을 했는데 이제는 그렇게까지 일하지 않아서 행복하다. 하기 싫은 일을 하지 않아도 되는 해방감을 어떻게 설명할 수 있을까? 평일에 일하지 않아도 되니 백화점에 가도 한가하고 길도 막히지 않는다. 맛집도 마찬가지다. 주중 점심시간이나 시작하는 시간에 가면 편히 먹을 수 있다.

시간이 많아지니까 아이들 학교에 특강도 가고, 학부모 모임도 간다. 작년까지는 생각하지도 못했던 일들이 벌어진다. 이제는 월요병도 없다. 일요일에는 항상 오후부터 우울했다. 정말 이 행복한 시간이 지나면 다시 토요일까지 강행군이구나. 걱정도 되고 무거운 표정에 다크서클이 무릎까지 내려왔다. 하지만 이제는 그런 요일 감각도 없이 시간을 쓸 수 있다.

사업 때문에 어쩔 수 없이 시간을 내는 일도 없고 사람 만날 일도 없고, 거실에서 음악 들으며 라면을 먹어도 행복하다. 모두가 일하는 평일 오후에 커피를 사서 집에서 영화 보면서 고등학생인 아들이 이야기한다.

"시험 끝나고 친구들하고 집에 왔는데 다른 집은 엄마가 있는데 우리 집은 아빠가 있네."

스승의 날 졸업한 지 20년이 넘은 고등학교에 가 선생님도 찾아뵙고. 이런 것이 진정한 행복이 아닐까?

단지, 용돈 부족으로 사고 싶은 것에 제한이 있고, 정해진 범위 내에서 돈을 써야 하는 것이 힘들긴 했다. 한 달 생활비가 정해져 있는데 갑자기 아이들 학원비나 집안 행사가 생기면 초과 지출해야 했다.

아, 은퇴 자금 계산을 잘못했구나.

그래서 주 3일은 일하기로 했다.

3사분면: 수험생

3사분면은 하고 싶은 것을 못 하고, 하기 싫은 일을 해야 할 때로 자율성과 의지 모두가 없는 상황을 이야기한다.

모든 사람에게도 마찬가지겠지만 난 이때가 가장 힘들었다.

흙수저에 가난한 장남, 안 좋은 조건은 다 갖고 태어난 나지만 누구보다 성공하고 싶고, 하고 싶은 것이 많았다. 하지만 당장 현실을 벗어날 방법도, 조건도, 조언해줄 사람도 없었다.

내 주변에는 무능한 할아버지와 아버지, 인자하고 사랑이 많은 어머니만 있었다.

어머니는 그 환경을 나와 같이 벗어날 수 없었다. 다행히 나의 도전은 어머니의 진취적인 성격에서 나온 것 같다. 어떤 상황이건 그 상황에서 최선을 다하는 것이 중요했고, 내가 할 수 있는 방법은 처한 환경에서 최선의 방법을 찾는 것뿐이었다.

중학교 1학년, 눈이 나쁜 나는 안경을 쓰고 있었다. 안경이 오래돼서 흠집이 나고 안경 콧대가 부러져도 그냥 쓰고 다녔다.

너무 하고 싶은 것도 많고 배우고 싶은 것도 많았는데 영어, 수학 학원비 5만 원이 없어서 학원을 다니지 못했고, 티셔츠 2벌로 중학교 3년을 다녔다.

사치하거나 낭비하는 것도 아니고, 더 공부해서 좋은 대학에 가고 싶었지만 현실은 나의 바람을 허락하지 않았다.

5월 1일로 기억한다. 학원비를 못 내서 학원 앞에서 친구를 기다렸다가 수업 내용이 무엇인지 이야기해달라고 조르면서 정말 많이 울었다.

난 아버지가 되면 내 자식은 이런 일을 겪지 않게 해주겠다고 다짐했다. 40대 중반이 된 지금도 과거를 생각하면 마음이 너무 아프다. 왜 그렇게 가난했는지, 과거에 상처가 잠을 깨울 때도 있다.

우리 시대에 10대가 가장 불행할 수도 있다. 하고 싶은 것은 뒤로 미루며 미래를 위해 하기 싫은 공부를 매일 해야 한다. 휴일도 휴식도 없이 그렇게 시간을 보내야 한다. 나도 10대가 가장 불행했다.

나 스스로 무엇인가 선택할 수 없고 막연한 미래를 두려워한 시기이기에. 그럴 때마다 날 위로하는 한마디.

'성공한 자의 과거는 처절할수록 아름답다.'

우리는 힘들지만, 반드시 이 3사분면을 지나가야 한다. 그 과정에서 인내와 성실을 배우고 살아가면서 필요한 기초 지식과 인성을 배운다. 배움의 과정은 어렵지만 나의 삶을 설계할 기초를 다지는 시간이라고 생각하자.

4사분면: 대부분의 직장인과 사회 구성원

4사분면은 하기 싫은 일을 해야 하지만, 하고 싶은 것을 부분적으로 할 수 있는 대부분의 경우를 이야기한다.

나는 공부하고 일하고 착한 척하는 소심한 A형에 ISFJ이다. 당연히 소심하고 타인 만나는 것을 싫어하고 혼자 있는 것 좋아한다. 술, 담배는 안 하고 골프도 안 치고 특별히 취미도 없다. '와, 왜 이렇게 재미없게 살까?'

다행히 하기 싫지만 해야 할 일들을 한다. 하고 싶은 것을 하려면 하기 싫은 일들을 해야 한다는 것 정도는 알고 있다.

사람들은 내가 외향적이고 말도 잘하고 인간관계를 잘하는 걸로 알고 있다. 단연코 아니다. 난 단지 사회화가 잘된 것이다. 낯선 곳도 무섭고 타인 만나는 것도 싫고 새로운 것을 배우는 것도 싫다.

하지만 나를 도전으로 던지지 않으면 발전이 없다. 과거에 내가 그랬던 것처럼 다시는 그렇게 살고 싶지 않다.

중학교 1학년 때 우리 집은 내 투정을 받아줄 여유가 없다는 것을 알았다. 매일 소주 1병을 마시지만, 아들을 가르칠 여유가 없다는 아버지를 보면서 난 결심했다. '제발 뭐라도 해야겠다.'

음악적·미술적 재능도 없었다. '당연하지, 어려서 그런 것을 접해본 적도 없는데.' 운동은 잘하지만 선수를 할 정도는 아니다. '그래, 내가 할 줄 아는 것 잘하는 것은 공부밖에 없다. 공부로 성공하는 것이 가장 빠르고 정확하다.' 사춘기도 없이 난 그렇게 어른이 되었다. 간다 마사노리는 이야기한다. "나보다 많은 것을 이룬 사람은 하기 싫은 일을 나보다 더 많이 한 사람이다."

대부분의 사람은 이 4사분면에서 산다.

하기 싫고, 힘든 일을 하고, 소득을 얻고, 소비하고, 다시 일하고.

하고 싶은 일을 하는 사람도 있지만, 그런 사람이 얼마나 될까?

우리는 이 사분면에서 현명하게 일하고 투자해서 최소한 2사분면으로 이동할 수 있도록 노력해야 한다.

어떻게 이동해야 하느냐고? 간단하다.

그만큼 돈을 벌면 된다. 돈이 시간과 건강을 돌볼 여유를 선물할 것이다.

사분면의 이동: 1사분면을 향하여

우리는 행복 사분면이 있다는 것을 배웠다. 가장 중요한 것은 내가 사분면의 어디에 위치에 있는지 파악하는 것과 어디까지 이동하지 싶은지 알아야 한다는 것이다.

우리는 대부분 태어나면 3사분면에 있다. 10대에는 부모님의 보살핌 아래 있어야 하기에 하고 싶은 일을 하기 어렵다. 학교에 다녀야 하기에 시간도 없고, 공부도 해야 하고, 사고 싶은 것은 많아도 돈이 없다. 10대에는 사고 싶고 하고 싶은 것이 얼마나 많은지, 하지만 부모는 항상 돈이 없다. 난 개인적으로 10대 때가 가장 힘들었다.

하기 싫은 공부는 살기 위해서 성공하기 위해서 열심히 해야 하고 집이 가난하기에 하고 싶은 것이 있어도, 말도 못 하는 시절이었다. 당신이 여기에 위치하고 있다면 인생에서 가장 힘든 시기를 보내고 있는 것이다.

물론 성격이 워낙 낙천적이고 즐겁게 일하고 모든 것이 즐겁다면 괜찮다. 소확행을 추구하면서 작지만 확실하게 실현 가능한 행복으로 만족한다면 4사분면에서 별 노력 없이 사는 것도 괜찮다.

나 역시 점심 먹고 나른한 오후에 아메리카노에 쿠키 한 조각 먹는 시간을 가장 좋아했다. 욕조에서 반신욕하면서 음악을 들으며 잠깐 조는 시간을 보내는 것도 좋다.

그러나 하기 싫은 일을 조금만 열심히 더 하다 보면 내가 누릴 수 있는 행복의 범위가 넓어진다. 행복한 일을 선택할 수 있는 가짓수가 많아진다는 것이다. 일할 수 있는 나이가 되면 일단 최소한 4사분면으로 이동해야 한다. 일을 하면서 하고 싶은 일을 못 한다면 너무 불행하다.

그런 다음 2사분면의 입성을 노려야 한다.

4사분면은 하기 싫은 일을 부분적으로 하면서 하고 싶은 일도 할 수 있는 사분면이다. 하기 싫은 일을 하면서 얻은 소득과 관계로 하고 싶은 일을 점점 늘리는 과정이다. 하기 싫은 일들을 해 나가면서 하고 싶은 일을 하면서 행복을 찾아간다. 그러면서 하고 싶은 일만 하고 하기 싫은 일을 하지 않으면 더 행복하다는 것을 알게 된다.

4사분면이 가장 중요한 것 같다. 일단 열심히 하다 보면 2사분면으로 넘어갈 기회가 생기기 때문이다. 하기 싫은 일이지만 하다 보면 전문가 또는 달인이 되어 수입이 늘게 되고, 결국 어느 정도 부가 쌓여서 하기 싫은 일을 안 해도 되는 상황까지 갈 수 있기 때문이다. 내가 2사분면에 있다면 당신은 정말 인생을 열심히 산 것이다. 아니면 삶에 욕심이 많이 없던가.

내 아내는 존경할 점이 아주 많은데 그중에 가장 부러운 것은 평소에 책을 많이 읽는다는 것이다. 소파 옆에는 항상 책이 쌓여 있고 침실과 주방에도 책이 있다. 자기가 돈을 벌면서 가장 좋았던 것은 좋아하는 탕수육 실컷 먹을 수 있고, 책을 마음껏 살 수 있는 것이라고 말한다. 그에 비하면 난 좀 부끄럽다. 개업의 때는 바쁘고 시간이 없다는 핑계로 책을 많이 읽지 않았다. 아내는 하고 싶은 것은 다 하지 못하더라도 하기 싫은 일은 안 하고 일부라도 하고 싶은 일을 할 수 있는 것이 너무 행복하다고 말한다. 적극 동의한다.

자영업자, 특히 사장이 직접 나가서 일하는 자영업자는 아플 시간도 없고 아파서도 안 된다.

다른 생각을 할 여유가 없다. 항상 일이 머릿속에서 떠나질 않는다. 자영업자는 늘 걱정이 많다. 잘 되도 문제고 안 되도 문제다. 잘 되면 힘들어서 몸이 상하고, 안 되면 걱정이 늘어서 마음이 상한다.

이 과정을 극복하고 2사분면에 도달했다면 당신은 일단 모든 면에서 상위 1%이다.

여기서 1사분면으로 어떻게 갈 것인지, 가지 않을 것인지를 결정해야 한다. 대부분 2사분면에 있는 분들은 성공 경험이 있어서 자신의 방향을 잘 결정한다.

나는 3일 정도 일하는 것은 즐겁다.

체력이 허락하는 범위에서는 이 정도만 일하면서 내가 하고 싶은 것을 찾아가려고 한다.

나는 2사분면에 있지만 늘 행복하다.

그리고 이번 투자 주기에 1사분면으로 이동할 것이다.

아니, 그렇게 이동하기 위해서 지금도 열심히 공부 중이다.

감사의 말

-팽돌이(안필호)

나를 가장 사랑하시고 저를 지켜주시는 하나님께 가장 먼저 감사의 말을 전하고 싶다. 가장 힘들고 어려운 순간마다 이 순간을 지나가게 해달라고 기도한 지 20년 만에 이런 행복한 순간이 오게 하심에 감사한다.

무엇보다도 내가 책을 쓸 수 있는 동기부여와 용기를 준 공동 저자 호필 님께 이번 기회를 빌려 깊은 감사를 전한다. 내가 살아갈 이유와 의미를 만들어준 나의 가족에게 사랑한다고 말하고 싶다. 세상을 살면서 나의 성공과 슬픔을 가장 크게 공감해줄 가족이 있다는 것은 정말 큰 축복인 것을 알았다. 또한 같은 목적을 위해 공부하고 위로하고 격려해준 오프라인 모임에 한 번 더 감사의 말을 전한다. 혼자서는 할 수 없는 일들을 함께하면서 여기 왔고, 앞으로도 같이 할 우리 모임 사람들에게 사랑한다고 마음을 전한다.

마지막으로 독자들에게 항상 행복하고 미소 가득한 날들이 이어지길 소망한다.

–호필(장석호)

비트코인의 상승장이 지나고 추운 겨울이 되었던 2022년 2월 어느 날 오랜만에 반가운 지인의 메시지가 도착했다.

'석호 님, 잘 지내세요?

기회 되면 암호화폐에 대한 생각 한번 나눠주실 수 있을까요?'

평범한 일반인 나에게 유튜브 웅달책방을 운영 중인 웅달 님의 연락으로 출연하게 되었고, 2년이 지난 지금 책까지 쓸 수 있게 되었다.

책 출간을 한 번도 상상해본 적 없는 나에게 처음으로 책을 쓰라고 제안해준 웅달 대표님께 감사의 말을 전하고 싶다. 웅달 대표님의 제안이 없었다면 이 책은 나올 수 없었을 것이다.

가장 힘든 시기에 끝까지 독서와 글쓰기 습관을 자리 잡게 만들어 주신 크레센도연구소의 빛소영 대표님께도 감사의 말을 전한다. 소영 님의 격려와 응원 덕분에 꾸준한 자기계발과 독서, 글쓰기를 이어 갈 수 있었다.

비트코인을 통해 한방을 꿈꾸면서 철없이 투기만 했던 투기꾼을 투자가로 만들어주신 스승님께 정말 감사드린다. 스승님 덕분에 철없던 사회 초년생이 경제에 눈을 뜨게 되었고, 세상이 돌아가는 것을 조금이나마 알게 되었다.

공동 저자인 안필호(팽돌이) 님과 원고에 많은 아이디어와 피드백을 주셨던 김범준(카이) 님을 비롯해 함께 투자하고 있는 모든 분에게 감사의 말을 전한다. 여러분의 경험과 아이디어 덕분에 이 책이 더욱 풍성해질 수 있었다.

초등학교 시절 같이 운동했던, 창협이, 서준이, 효정이, 20대의 가장 오랜 기간을 함께 지냈던 성근이, 용현이, 준이, 재훈이, 친구란 나이와 상관없다는 것을 알게 해준 성락이 형, 정희 형, 범수 형, 요한이형, 지호 형. 시간이 흘러도 항상 있는 그대로의 모습을 받아주고 이해해주는 모든 친구에게도 감사의 말을 전한다.

그밖에도 열심히 노력하며 성장하고 있는 자기계발 식구들과 느슨하게 연결되어 있는 모든 분에게 감사드린다.

마지막으로 가족에게 감사의 말을 전하고 싶다. 특히 세상 누구보다 나를 사랑해주시는 우리 왕 여사, 당신의 은혜는 평생 갚지 못할 것이다. 사랑하는 내 동생 유정이, 집안의 분위기를 항상 밝게 만들어주는 매제, 한 달 뒤에 만나게 될 조카 가율이, 장가네 식구, 외가댁 식구 모두에게 진심으로 사랑한다고 전하고 싶다.

이제는 꿈에서밖에 볼 수 없지만, 언제 어디서든 항상 응원해주고 자랑하고 있을 아버지와 할아버지에게 이 책을 바친다.

나는 비트코인으로 인생을 배웠다

1판 1쇄 발행 2024년 4월 22일
1판 2쇄 발행 2024년 4월 30일

ⓒ 팽돌이(안필호)·호필(장석호), 2024

지은이	팽돌이(안필호) · 호필(장석호)
펴낸곳	거인의 정원
출판등록	제2023-000080호(2023년 3월 3일)
주소	서울특별시 강남구 영동대로602, 6층 P257호
이메일	nam@giants-garden.com